HISTÓRIA DO INFERNO

FUNDAÇÃO EDITORA DA UNESP

Presidente do Conselho Curador
Mário Sérgio Vasconcelos

Diretor-Presidente / Publisher
Jézio Hernani Bomfim Gutierre

Superintendente Administrativo e Financeiro
William de Souza Agostinho

Conselho Editorial Acadêmico
Divino José da Silva
Luís Antônio Francisco de Souza
Marcelo dos Santos Pereira
Patricia Porchat Pereira da Silva Knudsen
Paulo Celso Moura
Ricardo D'Elia Matheus
Sandra Aparecida Ferreira
Tatiana Noronha de Souza
Trajano Sardenberg
Valéria dos Santos Guimarães

Editores-Adjuntos
Anderson Nobara
Leandro Rodrigues

GEORGES MINOIS

HISTÓRIA DO INFERNO

Tradução
Fernando Santos

editora
unesp

Título original: *Histoire de l'enfer*

© Que sais-je ? /Humensis, 1re édition: 1994, 3e édition corrige: 2019
© 2023 Editora Unesp

Direitos de publicação reservados à:
Fundação Editora da Unesp (FEU)
Praça da Sé, 108
01001-900 – São Paulo – SP
Tel.: (0xx11) 3242-7171
Fax: (0xx11) 3242-7172
www.editoraunesp.com.br
www.livrariaunesp.com.br
atendimento.editora@unesp.br

Dados Internacionais de Catalogação na Publicação (CIP) de acordo com ISBD
Elaborado por Odilio Hilario Moreira Junior – CRB-8/9949

M666h	Minois, Georges
	História do inferno / Georges Minois; traduzido por Fernando Santos. – São Paulo: Editora Unesp, 2023.
	Tradução de: *Histoire de l'enfer* ISBN: 978-65-5711-185-7
	1. História. 2. Religião. 3. Teologia. I. Santos, Fernando. II. Título.
2023-830	CDD 200 CDU 2

Editora afiliada:

Asociación de Editoriales Universitarias
de América Latina y el Caribe

Associação Brasileira de
Editoras Universitárias

SUMÁRIO

PREFÁCIO À TERCEIRA EDIÇÃO 7
INTRODUÇÃO 9

1. OS INFERNOS DAS CIVILIZAÇÕES ORAIS 13
I. A África negra; II. Os infernos xamânicos; III. A América pré-colombiana; IV. Os infernos germânicos e escandinavos

2. OS INFERNOS DAS GRANDES RELIGIÕES ORIENTAIS ANTIGAS 23
I. Os infernos mesopotâmicos; II. Os infernos egípcios; III. Os infernos hinduístas; IV. Os infernos masdeístas

3. OS INFERNOS PAGÃOS CLÁSSICOS 33
I. Os infernos gregos: poetas e filósofos; II. O inferno existencial de Lucrécio; III. O inferno filosófico platônico; IV. O inferno poético e popular de Virgílio

4. OS INFERNOS BÍBLICOS E HEBRAICOS 47
I. As concepções bíblicas antigas; II. As dúvidas dos hebreus sobre o inferno (séculos III-I a.C.); III. Os infernos rabínicos e talmúdicos; IV. O inferno no Novo Testamento

5. A ELABORAÇÃO DO INFERNO CRISTÃO 59
I. O inferno da tradição popular; II. As bases da doutrina: os Pais da Igreja; III. O inferno das visões monásticas; IV. O inferno dos teólogos

6. OS DERIVADOS DO INFERNO CRISTÃO 79
I. O inferno muçulmano: o julgamento; II. O inferno muçulmano: as penas; III. Os hereges e o inferno; IV. A criação do purgatório

7. OS USOS DO INFERNO DA IDADE MÉDIA AO SÉCULO XVI 87
I. O inferno dos artistas; II. O inferno, tema literário; III. O inferno a serviço da pastoral do medo; IV. O inferno dos místicos

8. APOGEU E QUESTIONAMENTO DO INFERNO (SÉCULOS XVII-XIX) 105
I. O inferno clássico; II. Um inferno superpovoado; III. O endurecimento do século XIX; IV. A crítica do inferno (séculos XVIII-XIX)

9. AS METAMORFOSES DO INFERNO (SÉCULOS XIX-XX) 127
I. Recuo dos medos escatológicos; II. Ocultação do inferno cristão; III. Os novos infernos (século XIX); IV. O inferno contemporâneo

REFERÊNCIAS BIBLIOGRÁFICAS 143

PREFÁCIO
À TERCEIRA EDIÇÃO

Março de 2018, pânico no Vaticano. A notícia acaba de chegar: "O inferno não existe, o que existe é o desaparecimento das almas pecadoras". A informação vem de uma fonte confiável, o papa Francisco em pessoa. Reunião de urgência e desmentido imediato: tratar-se-ia de uma "reconstrução" tendenciosa das palavras do sumo pontífice, entrevistado pelo jornalista ateu Eugenio Scalfaria para o jornal *La Repubblica*, uma espécie de *fake news*. Calma, é claro que o inferno existe, e vai continuar existindo por muito tempo.

Além de seu caráter grotesco, esse incidente, que repercutiu na mídia, revela o descrédito crescente em que caiu a ideia de inferno no seio das religiões. Os 25 anos decorridos desde a primeira edição deste livrinho confirmaram suas conclusões: o inferno está de mudança, ele troca o além pelo mundo terrestre. As religiões não podem negar oficialmente a existência de um inferno *post mortem* para os pecadores renitentes – existência que elas afirmaram durante tanto tempo –, mas esse inferno se tornou para elas um problema, mais que uma solução. Quando a questão é levantada na mídia, a resposta embaraçada dos teólogos é uma conversa fiada espiritualista e simbólica destinada a "despistar".

Do lado das autoridades, o silêncio permite pelo menos deixar pairar a dúvida, em geral mais eficaz que uma afirmação contestada. Apenas as minorias tradicionalistas continuam defendendo a doutrina clássica. É o caso da obra mais recente de um teólogo da Universidade de Louvain, Valeer Neckebrouck, lançada em 2012 em holandês e divulgada de maneira confidencial, *Naar de hel met de hel? Essay over een groot mysterie* [No inferno com o inferno? Ensaio sobre um grande mistério]. O próprio autor admite que "a ideia de inferno parece semimorta em nossa sociedade", o que o entristece.

Se o inferno do além não interessa mais a muita gente, o inferno terreno nunca foi tão popular: diariamente vemos suas imagens na tevê, e isso não comove mais. Como anunciamos em 1994, o século XXI se encaminha para ser sua apoteose: inaugurado pela queda das torres infernais do World Trade Center em 2001, seguida pela vaga terrorista jihadista, ele está indo direto para o inferno planetário anunciado pela poluição generalizada, a explosão demográfica e o desequilíbrio climático. O inferno das religiões pode ser relegado à história dos mitos, pode fechar suas portas: temos tudo de que precisamos na Terra, ultrapassando até mesmo as visões mais selvagens dos monges medievais. Mas será que o próprio termo "inferno", tão banalizado, ainda faz sentido? A evolução do mito do inferno é um bom indicador das transformações éticas que estão ocorrendo em nossas sociedades; seu último avatar também revela as inquietações do mundo contemporâneo diante de um futuro mais incerto que nunca.

INTRODUÇÃO

A ideia de inferno é um traço permanente de todas as civilizações. Nós a encontramos tanto nos textos mais antigos da humanidade, ligados às primeiras concepções religiosas, como nos escritos contemporâneos ateus. Lugar sinistro situado no além ou situação de angústia existencial experimentada já nesta vida, o inferno é multiforme, passível de adaptação segundo os tipos de sociedade.

Tão velho quanto a humanidade consciente, ele está ligado à condição humana, que projeta nele seus sofrimentos, seus ódios, suas contradições e sua impotência, assim como o paraíso é a sublimação de suas esperanças, de suas alegrias e seu desejo de felicidade.

Ligado ou não à ideia de castigo e de julgamento, eterno ou temporário, o inferno reflete os fracassos de cada civilização em resolver seus problemas sociais, e revela a ambiguidade da condição humana. Enquanto o homem for incapaz de resolver seu próprio enigma, ele imaginará um inferno.

De todos aqueles que foram elaborados desde as origens, o mais completo, o mais sistemático, o mais desesperador, a ponto de ter se tornado um arquétipo, é o inferno cristão. Ele é um sofrimento absoluto, atingindo ao mesmo tempo os cinco sentidos e a mente, por meio do remorso e da consciência da eternidade das penas. Construção inteiramente racional dentro de uma lógica neoplatônica, o inferno cristão, reservado aos amaldiçoados, é a contrapartida de uma religião da salvação que deseja respeitar a liberdade humana: ele corresponde à sorte daqueles que se afastam da fonte do bem absoluto. É aqui que residem sua originalidade e sua força.

Mas, muito antes do inferno cristão, outras reflexões religiosas tinham imaginado a vida no além. Para a maioria delas, a vida no além simplesmente continuava a vida terrena em "outro lugar" indefinido, onde os infelizes desta Terra continuariam sofrendo. Nesses infernos para todos, não havia separação entre os bons e os maus, apenas a prorrogação triste do destino terreno de cada um. Foi o refinamento gradual da consciência moral que levou, pouco a pouco, à individualização de um inferno para os maus, inicialmente temporário e depois eterno, com o cristianismo.

A época contemporânea é, em parte, um regresso à concepção original. Por um lado, o declínio das crenças tradicionais e da Igreja leva a um questionamento do inferno cristão, cada vez mais escondido nas declarações oficiais da fé, e, por outro, a relativização das noções de bem e de mal apaga os limites entre o inferno e o paraíso, ambos realocados, na Terra, em uma dialética da ambiguidade. O inferno tende a ser vivenciado como um dos componentes da vida, resultado da tensão entre as exigências do indivíduo e as da sociedade. Preso entre a necessidade de se afirmar e as restrições da pressão social, cada um traz dentro de si seu inferno, objeto de estudo dos psicólogos, psicanalistas, sociólogos e filósofos, depois de ter sido apanágio dos teólogos.

A história do inferno é a história do homem confrontado com sua própria existência. Pois, assim como vislumbraram algumas mentes brilhantes do passado, o homem traz em si, potencialmente, os dois destinos contrários, que ele atualiza de modo alternado ou simultâneo. É o que escreveu Milton no século XVII, em *Paraíso perdido*:

> A mente é seu próprio lugar, e em si mesma pode fazer
> Um céu do inferno, e um inferno do céu.
> (v. 247)

– 1 –

OS INFERNOS DAS CIVILIZAÇÕES ORAIS

Ao contrário do purgatório, criação consciente da teologia católica, e cuja história foi reconstituída de forma brilhante por Jacques Le Goff,[1] é impossível situar o nascimento do inferno. Embora os textos que o mencionam datem do segundo milênio antes de nossa era, é provável que a época pré-histórica não tenha ignorado esse conceito. A prática de enterrar cadáveres surge por volta de 50000 a.C. Ela é acompanhada certamente da crença na sobrevivência dos mortos, portanto, de um "inferno", no sentido bem geral de lugar onde prosseguem as atividades terrenas. Nenhuma ideia de retribuição ou de castigo acompanha essa

---
1 Le Goff, *La naissance du purgatoire*.

crença, na falta, talvez, de um código moral e do conceito de responsabilidade. Até o momento, nenhum indício permite precisar a natureza desse inferno pré-histórico.

Mais próximas de nós, porém, civilizações baseadas exclusivamente na oralidade permitem compreender alguns traços das crenças multisseculares sobre o inferno. Essas civilizações, muito distantes umas das outras no tempo e no espaço, bem como em suas estruturas sociais, apresentam, no entanto, infernos muito parecidos. São lugares de estadia para todos, na maioria das vezes sombrios, onde as atividades terrenas prosseguem de forma fantasmagórica. O caminho que leva até eles é semeado de ciladas, na forma de provas de iniciação. Os "reprovados" são aqueles que, durante a vida terrena ou no momento da morte, não respeitaram os rituais, guardiões da coesão social, ou que trazem uma marca de impureza. Essas pessoas são excluídas da vida normal dos infernos e condenadas a vagar, à margem dessa sociedade cujas regras elas não respeitaram. As outras, aquelas que estão integradas, tiveram seu destino determinado durante sua vida terrena, e sua condição no inferno não se altera.

I. A ÁFRICA NEGRA

Alguns exemplos de povos da savana subsaariana confirmam esse padrão. O inferno dos sererês, no Senegal, fica em Hunulu, no centro da Terra, um lugar sinistro onde se perdem pouco a pouco as forças. Na mesma região, os diolas têm uma concepção bem original, mais relacionada a uma ideia moral: o homem é composto de três partes, uma boa, uma má e uma excelente. No momento da morte, a parte má é destruída, a parte excelente vai para um paraíso e a parte boa é reencarnada. O destino que espera o defunto depende da proporção dessas três partes: se a parte má é muito importante, ele é destruído para sempre.

Entretanto, na maioria das vezes a vida continua no inferno, como em um espelho da vida terrena, com um fenômeno de inversão dia/noite, direita/esquerda. Percebe-se um grupo de reprovados, postos à parte sem, no entanto, sofrer castigo. São marginais de todo tipo: loucos, inválidos físicos e mentais, feiticeiras, assassinos, homens mortos sem filhos, ou pessoas falecidas em uma situação anormal ou impura: mulheres no parto, jovens não iniciados, afogados, suicidas, atingidos por raio, desaparecidos. Na Guiné, entre o povo dos kisis, eles estão todos na "terra dos maus", na escuridão.

Portanto, a condenação atinge todos que, de uma maneira ou de outra, estão mal integrados no grupo; já postos de lado na Terra, eles são excluídos da estadia normal entre os mortos, mas sem estar sujeitos a penas específicas.

II. OS INFERNOS XAMÂNICOS

As práticas xamânicas permitem saber melhor do conteúdo desses infernos. Bem conhecidas graças às pesquisas feitas sobretudo por Mircea Eliade, elas se encontram, de fato, entre um grande número de povos, em geral seminômades ou montanheses, do Tibete a Altai, da Nova Guiné à Mongólia, dos povos indígenas da América do Norte aos tungues e yuraks da Sibéria Central.

Dentre todos esses povos, existe um personagem que tem um conhecimento direto dos infernos: o xamã, iniciado e dotado de poderes especiais que lhe permitem, durante uma fase de êxtase que pode durar três dias, descer em espírito ao reino dos mortos para acompanhar a alma de um falecido e ajudá-la a transpor os obstáculos postos em seu caminho. Ao voltar, ele presta contas da viagem e relata suas experiências.

Sabemos, assim, que para esses povos a viagem no inferno está pontilhada de armadilhas, das quais a mais frequente é a ultrapassagem de um local estreitíssimo, às vezes da largura de um fio de cabelo, acima de um precipício onde caem os não iniciados. O destino de quem não ultrapassa os obstáculos é incerto. Entre os tártaros, eles são torturados pelos demônios. Mas não se trata de punições morais: tudo é uma questão de iniciação, e aqueles que se perdem são mais azarados, ignorantes e desastrados que maldosos. Portanto, todos podem esperar adentrar os infernos dispondo de um bom guia, e são os próprios deuses que enviaram o primeiro xamã para desempenhar esse papel. Entre os tibetanos e os mo-so de Yunan, um mapa é estendido diante do defunto para lhe mostrar o caminho dos infernos, que é rodeado de nove muralhas, separadas por pontes controladas por demônios. Em seguida, depois de escalar sete montanhas de ouro, chega-se à árvore do "remédio da imortalidade".

As provas da viagem também podem ser consideradas etapas de purificação. Para os povos de Altai, é preciso transpor distâncias enormes, desertos, montanhas, oceanos e estepes antes de descer por um orifício que conduz a sete escadas, que são *pudaks*, ou obstáculos, que têm um caráter iniciático. Depois encontramos a célebre ponte e, por fim, o palácio de Erlik Khan, o rei dos infernos, guardado por cães. O mesmo processo se verifica entre os aborígenes australianos, do qual alguns desenhos representam a viagem das almas por caminhos semeados de obstáculos. Entre os yakutes, os mongóis e os turcos orientais a viagem é facilitada pela utilização de asas pelos defuntos.

Entre todos esses povos, infernos e paraísos se confundem. Aqueles que chegam a esses lugares subterrâneos, rigorosamente demarcados por imponentes muralhas, prosseguem com suas atividades terrenas, e a hierarquia social é respeitada. É durante a vida terrena que a pessoa determina seu estatuto no além; tudo é decidido na Terra. Nos infernos, os poderosos continuam sendo os poderosos, e entre os povos guerreiros, como os mongóis, o defunto é servido por todos aqueles que ele matou na Terra. Na verdade, existe uma crença comum a todas as religiões: a eternidade se decide na Terra. A diferença está nos critérios da seleção além-túmulo. Em todas essas civilizações tradicionais, em situação econômica geralmente precária e ameaçadas por todo tipo de perigo externo, o elemento determinante é a coesão do grupo. Só são excluídos os marginais, aqueles que são mal integrados ou que não contribuem para a sobrevivência do grupo. Entre os esquimós, por exemplo, os maus caçadores são mandados para um lugar subterrâneo no qual conhecem a escassez, enquanto os suicidas, cujo ato pode ter valor de sacrifício valioso para a comunidade, vão para um céu superior junto com os heróis.

Quanto ao restante do grupo, ele se encontra em bloco nesse lugar neutro que são os infernos, sem nenhuma discriminação. Essa crença, muito antiga entre os povos da Ásia Central, tinha surpreendido os primeiros viajantes cristãos, como o franciscano Jean de Plan Carpin, que escreveu no século XIII:

> Em relação à vida eterna e à condenação perpétua, eles não sabem nada. Eles creem, no entanto, que depois deste mundo viverão em outro, onde aumentarão seus rebanhos, beberão e não farão nada de diferente do que fazem enquanto estão vivos neste mundo.

III. A AMÉRICA PRÉ-COLOMBIANA

Nas grandes civilizações pré-colombianas, a aculturação provocada no século XVI pelos missionários católicos dificulta o conhecimento das crenças relacionadas ao além. Os testemunhos recolhidos nessa época são, de fato, fortemente influenciados pelo cristianismo. É por isso que, quando o inca Garcilaso de la Vega, convertido e até mesmo ordenado padre no fim da vida, afirma que os incas acreditavam na existência de um inferno de sofrimentos para os maus, é possível que ele deturpe as verdadeiras concepções indígenas; mas tudo indica, de qualquer modo, que esse inferno dos incas era provisório. Os incas

> acreditavam que depois desta vida havia outra, que trazia o castigo aos maus e o descanso aos bons [...]; eles chamavam de Ucu Pacha o centro da Terra, o mundo inferior destinado à morada dos maus; e, para melhor se explicar, eles lhe davam outro nome, Cupaipa Huacin, ou seja, "casa do Diabo" [...]. Eles asseguravam que a vida do mundo inferior, que chamamos de inferno, era repleta de todas as doenças e males que sofremos aqui embaixo, sem nenhum tipo de repouso nem de contentamento. [...] Os incas também acreditavam na ressurreição universal, sem imaginar nem glória nem sofrimento, mas uma vida semelhante àquela que temos aqui embaixo, pois seu espírito não se elevava mais alto que esta vida (*Comentários reais dos incas*).

Entre os maias, encontramos um inferno para todos, situado debaixo da terra, no qual não existe nenhum sistema de punição. Entre os astecas, o destino dos defuntos é mais diferenciado, mas em função do tipo de morte, e não da conduta moral. O inferno subterrâneo é o Mitlan, onde reinam Mictlantecuhtli e sua companheira Mictecacihuatl. Chegamos até ele depois de uma longa e perigosa viagem, em cujo final os guerreiros mortos em combate vão para a região do sol levante; as mulheres mortas no parto, para a região do sol poente; as crianças mortas em tenra idade, para um lugar onde as árvores têm forma de seios; e os afogados e atingidos por raio, para um universo refrescante e fértil, o Tlalocan.

Essas concepções serão abaladas pela imposição do cristianismo e de suas normas morais e teológicas. Dominicanos e jesuítas irão ensinar que todos os índios anteriores à conquista estão, por toda a eternidade, em um inferno de sofrimentos, porque eles não conheceram a verdadeira religião. O Concílio de Lima, em 1551, ordena que todos os padres ensinem aos índios que "todos os seus ancestrais, todos os seus soberanos se [encontravam] agora nesse tempo de sofrimentos porque não conheceram Deus e não o adoraram, mas adoraram o Sol, as pedras e outras criaturas".

Essa convicção implacável, motivada pela afirmação segundo a qual "não há salvação fora da Igreja", irá provocar discussões acaloradas no seio da Igreja Católica, e é vivida como um trauma fundamental pelos indígenas. Pesquisas realizadas sobre o conteúdo dos delírios e das visões dos indígenas mexicanos mostram que mais da metade dos delírios psicóticos ou alcoólicos têm relação com o inferno. O choque das duas civilizações revela o contraste entre o inferno tradicional neutro, adaptado às necessidades terrenas insatisfeitas de cada um, e o inferno repressivo cristão.

IV. OS INFERNOS GERMÂNICOS E ESCANDINAVOS

Os mesmos contrastes existem no Norte da Europa com os infernos dos povos germânicos pré-cristãos. O vocabulário traduz aqui as oposições e mostra, ao mesmo tempo, a penetração de certos traços pagãos nas concepções cristãs. O inferno germânico é o Hel, ou "lugar escondido", lúgubre mundo subterrâneo nublado e frio onde vagam todos os mortos. É esse termo que será retomado para denominar o inferno em inglês (*hell*) e em alemão (*hölle*), termo próximo de buraco (*hole* e *Höhle*), ao passo que a Igreja irá impor nos países latinos o *infernum* (lugar de baixo), e *inferi* para os infernos pagãos. Aqui também o Hel é um lugar distante e fechado que se alcança depois de uma longa e perigosa viagem, na maioria das vezes marítima. Parece que só muito lentamente é feita uma distinção entre o destino dos diferentes mortos, e talvez sob a influência de elementos externos. As *Prédications de la prophétesse* [Pregações da profetisa], poema tardio, sugerem um julgamento e um castigo para as faltas cometidas na Terra. Mas o principal critério de diferenciação é a função social: o Walhalla, residência dos guerreiros mortos, se transforma aos poucos em um palácio magnífico onde os combatentes festejam na companhia de Odin. O triunfo gradual da casta militar se traduz por uma organização do além de acordo com a moral guerreira.

Entre os escandinavos e os celtas, o reino dos mortos tem um acesso muito mais fácil, e inúmeros heróis vivos puderam visitá-lo, depois de uma viagem marcada por provas iniciáticas. Viagem subterrânea, como a de Nerra e Conn; viagem para além dos mares, como é o caso de Bran, Connla, Oisin e Cuchulainn. Os infernos descritos por esses mitos não são lugares de sofrimento, e todos os mortos residem ali, sem discriminação moral. A originalidade, nesse caso, se encontra na familiaridade entre mortos e vivos, traço indelével do mundo celta que permanecerá nos mitos cristãos de São Brandão e São Patrício. Pode até acontecer de heróis irem resgatar objetos preciosos nesses infernos, como o caldeirão inesgotável.

O inferno escandinavo, tal como aparece nas sagas mais antigas, parece mais temível que o dos celtas, mas também é possível chegar lá, a exemplo de heróis como Hadingus ou Hermod, para entregar determinadas pessoas. A viagem iniciática compreende, entre outras provas, a travessia de um rio e de uma ponte; a descida compreende nove etapas subterrâneas, e o inferno está no centro do mundo. A estadia ali é sinistra, mas é o destino de todos.

Essa primeira série de infernos corresponde a sociedades politeístas que vivem em uma estreita simbiose com o ambiente natural e em uma situação econômica de escassez. A solidariedade do grupo é um elemento indispensável para sua sobrevivência e se traduz por meio de práticas comunitárias. A ideia de salvação ou de condenação individual é estranha a essa organização. A sorte de cada um não pode ser dissociada da sorte do conjunto do grupo. A sobrevivência no além só pode ser contemplada de forma coletiva, e o conceito de castigo não faz sentido nesse contexto. Portanto, os infernos são neutros. O grupo prossegue, ali, com suas ocupações terrenas, em um ambiente geralmente sombrio e triste; a sorte dos mortos é vista de maneira bastante pessimista, mas sem sofrimentos punitivos. Só aqueles que se afastaram do grupo nesta vida, que não foram úteis para a coletividade, que escaparam dos rituais de iniciação que consolidam a coesão do grupo estão condenados a um destino específico, vítimas das armadilhas da jornada para a morada dos mortos.

É com as grandes civilizações orientais, com códigos de conduta moral desenvolvidos e individualizados, que surge a ideia do inferno como lugar de sofrimentos punitivos.

– 2 –

OS INFERNOS DAS GRANDES
RELIGIÕES ORIENTAIS ANTIGAS

O inferno significando um lugar de sofrimentos impostos por forças sobrenaturais após a morte, para punir os homens por transgredirem o código moral, aparece em todas as grandes religiões estáveis e elaboradas, que oferecem um ideal humano individual a ser imitado. Nessa concepção, o inferno é um processo de "correção" para todos aqueles que, de um modo ou de outro, não corresponderam durante a vida ao modelo. Existe quase sempre uma relação entre a falta de que eles são acusados e o tipo de suplício ao qual são submetidos, e que irá transformá-los.

Uma diferença fundamental dos infernos por tudo isso que descrevemos é a presença de um julgamento feito pelos deuses. Enquanto no primeiro caso é o próprio indivíduo que se exclui, aqui neste caso seu destino é determinado pelos senhores da humanidade, que avaliam seu grau de conformidade ao ideal. É uma concepção ligada a sociedades maiores, mais elaboradas, com sistemas políticos e judiciais mais complexos e mais coercitivos, cujo funcionamento é projetado no além. De modo geral, a ideia de condenação após a morte parece estar relacionada ao surgimento do conceito de Estado, isto é, de um sistema político organizado, intimamente ligado, em um primeiro momento, a concepções religiosas que completam, reforçam e concretizam a autoridade política. As faltas e os crimes contra a sociedade são punidos tanto na Terra, pela justiça do soberano, como após a morte, pela justiça dos deuses, segundo os mesmo critérios. A segunda finaliza a primeira, pois nada lhe escapa.

As duas justiças também são complementares no sentido de que a ordem social é indissociável da ordem cósmica: violar a primeira é também perturbar a segunda; portanto, a justiça dos deuses completa a justiça dos reis.

As grandes religiões orientais quase sempre têm uma concepção cíclica do tempo universal. Em consequência, os infernos são provisórios. O condenado será finalmente reintegrado no grande ciclo das reencarnações, que lhe dará a oportunidade de levar uma vida mais de acordo com o ideal. Porém, no interior desse esquema global surgem diferenças importantes.

I. OS INFERNOS MESOPOTÂMICOS

Entre os textos mais antigos da literatura mundial relacionados aos infernos estão as tabuletas acadianas do segundo milênio antes de nossa era. Elas narram o diálogo entre o herói Gilgamesh e seu amigo Enkidu, cujo espírito subiu dos infernos. A visão é lúgubre: os espíritos vagam em um lugar escuro e empoeirado. "Meu corpo, que você tocava com alegria, foi devorado pelos vermes como uma roupa velha. Meu corpo, que você tocava com alegria, está coberto de pó", declara Enkidu.

À primeira vista, o inferno é o destino comum de todos os homens, como nas civilizações orais precedentes. Porém, olhando mais de perto, constatamos que alguns espíritos são mais infelizes que outros: esses *edimmu*, protótipos dos condenados, são pessoas que já foram atingidas na Terra por um destino infeliz ou fora do comum: os acidentados, as vítimas das guerras, aqueles que não tiveram sepultura, aqueles que não têm filhos para cuidar de seu túmulo, os afogados, as mulheres parturientes, as jovens núbeis que morrem virgens, as prostitutas mortas de doenças.

Esses *edimmu* não são torturados; porém, espíritos amargurados e frustrados, eles remoem seu amargor e se tornam agressivos e mesquinhos; atormentam uns aos outros e às vezes chegam até a regressar à Terra para envenenar a vida dos vivos. Desse modo, eles são seus próprios algozes, em um inferno vigiado do qual ninguém escapa. Trata-se, de fato, de um castigo, pois a condição infeliz dessas criaturas na Terra, atingidas pela esterilidade, pelos acidentes, pelas doenças e pela pobreza, era o resultado de uma justiça imanente, de sofrimentos infligidos pelos deuses por ações más ocultas. As tabuletas mágicas acadianas mostram que aqueles que eram atingidos por uma desgraça qualquer iam se consultar com os videntes para conhecer a razão de seu infortúnio. Eles eram então submetidos a um interrogatório detalhado, cujo conteúdo se parece com o que serão os manuais de confissão no cristianismo. São enumeradas dezenas de faltas privadas e atos de violação do direito público, alguns deles compatíveis com o célebre Código de Hamurábi, que data aproximadamente de 1750 a.C.:

> Ele disse palavras de revolta, palavras ultrajantes? Utilizou uma balança falsa? Aceitou dinheiro ilegítimo? Recusou dinheiro legítimo? Deslocou a marca de propriedade correta? Penetrou na

casa do próximo? Apropriou-se da mulher do próximo? Derramou o sangue do próximo? Roubou a roupa do próximo? Não aliviou o homem angustiado? Expulsou o homem bom para longe de sua família? Dispersou uma família reunida? Revoltou-se contra uma autoridade? Sua boca era justa, mas seu coração, falso? Ele seguiu os passos do mal? Ultrapassou os limites da justiça? Fez o que não é belo?

Por trás desse interrogatório existe a ideia segundo a qual aquele que transgride a ordem social codificada pelo rei viola a ordem divina do cosmo. Ele é atingido, já nesta vida, por um castigo, cujas consequências levará até depois da morte, sofrendo um destino infeliz. "Eu sou pecador, e é por isso que estou doente", diz um hino babilônio. Se o vidente não obtém a remissão das faltas, o infeliz está "condenado".

Mitos acadianos e sumérios da mesma época também sugerem que, após a morte, os espíritos aparecem em plena transparência diante dos deuses. Desse modo, a deusa suméria Inanna – Ishtar, para os acadianos – deve, para ir visitar os infernos em que reina sua irmã Eresquigal, transpor sete portas, onde lhe retiram, de cada vez, uma roupa. Ela chega totalmente nua. O que vê é pouco animador: "O pó é o que lhes cabe, e a argila é seu alimento; eles não veem nenhuma luz, e moram na escuridão; estão vestidos como pássaros, tendo as asas como roupa; a porta e o ferrolho estão cobertos de pó". Os espíritos, alados, se alimentam de lama. Nenhuma esperança de fuga: sete muralhas enormes circundam os infernos.

A época assíria acentuará a aparência assustadora destes últimos. Na visão do príncipe Kumma, no século VIII a.C., o reino de Eresquigal é habitado por deuses monstruosos, metade homens, metade animais, e a degradação das condições de vida no além talvez esteja relacionada à selvageria crescente dos hábitos legais e guerreiros dessa época.

II. OS INFERNOS EGÍPCIOS

A mitologia egípcia é uma das mais ricas do Oriente Médio. A permanência dessa civilização ao longo de vários milênios, bem como a sobrevivência de milhares de textos e pinturas, permitem compreender com relativa precisão as concepções relacionadas aos infernos desde o terceiro milênio antes de nossa era.

Os egípcios atribuem uma grande importância ao destino da "alma", que se apresenta como uma espécie de duplo de cada ser humano. Após a morte, ela realiza uma longa viagem por lugares estranhos, cujo mapa às vezes está desenhado no sarcófago. Depois ela chega ao local de seu julgamento, cujo ritual preciso muitas vezes aparece nos afrescos. Isso já pressupõe uma delimitação clara do bem e do mal, surpreendentemente próxima das civilizações mesopotâmias. A lista das ações más, tal como constam no célebre *Livro dos mortos*, colocado dentro do sarcófago, é típica de uma sociedade cujo bom funcionamento está baseado no respeito às regras dos trabalhos agrícolas de irrigação, dos limites de propriedade, das tarefas servis e do culto dos deuses e dos mortos:

> Não cometi nenhuma fraude em relação aos homens. Não atormentei a viúva, não menti diante do tribunal. Não conheço a má-fé. Não impus a um chefe de trabalhadores mais trabalho do que ele devia fazer a cada dia. Não fui negligente. Não fui preguiçoso. Não cometi sacrilégio. Não prejudiquei o escravo perante seu senhor. Não fiz ninguém passar fome. Não fiz chorar. Não matei. Não roubei tiras de tecido nem as provisões dos mortos. Não usurpei a terra. Não tirei o leite da boca dos bebês. Não interrompi um canal.

Que significa a leitura desse texto pelo morto diante dos 42 juízes do tribunal de Osíris, depois da pesagem do coração por Anúbis e a leitura do resultado por Thot? Os egiptólogos não são unânimes.

De todo modo, parece provável que se trate de uma purificação ritual, uma maneira de conjuração de todas as formas do mal.

O destino dos mortos que são muito submissos ao controle do mal é a "segunda morte". Os condenados são, na verdade, chamados de "mortos", ao contrário dos "transfigurados", que entram no reino de Osíris. O processo dessa segunda morte é imprevisível. Às vezes os maus são representados amontoados em espaços estreitos e sombrios, onde reina um mau cheiro insuportável; eles comem suas fezes e bebem sua urina, como se fosse para exprimir que subverteram a ordem cósmica. Muitas vezes, os condenados são submetidos a torturas cujo objetivo é deslocar e desintegrar a unidade da pessoa, reduzi-la a nada: decapitação e desmembramento por meio de espadas flamejantes; os pedaços, cozidos em caldeirões, queimados por serpentes que cospem fogo, jogados em lagos de fogo; outros são devorados por Ammit, animal monstruoso com corpo de leão e cabeça de crocodilo; todos os componentes do indivíduo são atacados: corpo, sombra, alma (o *bas*, ou princípio espiritual). Todos esses horrores têm lugar no "setor da aniquilação", abaixo do mundo subterrâneo.

Portanto, as penas não são eternas. Elas não têm o propósito de provocar sofrimento, mas de aniquilar aqueles que favoreceram as forças de desordem do universo, aqueles que, por sua conduta, prejudicaram o *Maat*, a ordem social e cósmica. Tem-se por vezes a impressão de que o processo de deslocamento não tem fim, como se o mal fosse indestrutível. Algumas torturas egípcias serão incorporadas aos primeiros infernos cristãos, onde assumirão um caráter permanente.

III. OS INFERNOS HINDUÍSTAS

A concepção indiana dos infernos evoluiu da ideia de um lugar de estadia para todos até a ideia de um castigo de ordem moral. No período védico, no segundo milênio antes de nossa era, os mortos residem, sem discriminação, em um lugar subterrâneo, o *karta* (buraco), o *vavra* (prisão) ou o *parshana* (abismo); existência espectral triste, de seres desprovidos de sensações. Uma primeira diferenciação aparece no *Rig Veda* e no *Atharna Veda*, em que todos os que não são eleitos vão para o reino de Yama, soberano dos infernos, onde sua situação piora. Já surge o termo *naraka*, inferno, no sentido de lugar de sofrimentos.

É com os textos dos brâmanes e a obra do reformador Shankara, no século VIII antes de nossa era, que o paraíso e o inferno ficam frontalmente opostos, correspondendo a uma seleção entre eleitos e condenados. A complicação surge aqui da defesa da reencarnação, o *samsara*, migração da alma de um corpo para dentro de outro, enquanto ela não tiver alcançado o *nirvana*, estado de beatitude definitivo. Não se deve esperar uma lógica rigorosa da doutrina hinduísta relacionada ao além. É uma religião versátil, composta de mitos justapostos, sem dogmas, sem um corpo doutrinário coerente. É por isso que o inferno e a reencarnação podem se sobrepor, mas seu significado é o mesmo.

O mau é aquele que se apega ao desejo individual de viver, que busca na Terra glória, riqueza e realização pessoal, que se fecha egoisticamente em seu eu, perseguindo uma fantasia, agarrando-se ao desejo de viver enquanto a vida é sofrimento e desilusão. O mau será reencarnado em um ser inferior, ainda mais carnal e material. Ou então, talvez antes de sua reencarnação, ele irá para o inferno; a não ser que seja seu duplo, uma sombra miserável, o *preta*, "corpo atormentado", que descerá com a velocidade do vento para o reino de Yama. A grande viagem compreenderá a travessia de pântanos, desertos, do rio Vaitarane, mistura de sangue, pus e urina. Então, o deus Citragupta lerá o livro de suas ações boas e más, e, se as últimas prevalecerem, ele irá para o inferno, o *naraka*.

Ali, ele sofrerá os suplícios pertinentes às suas faltas pessoais, e de acordo com a intensidade delas. Castigos personalizados de uma profusão extraordinária e de um incrível refinamento: despedaçado, esfolado, esmagado, esquartejado, trespassado, devorado, assado e congelado, o infeliz será em seguida reencarnado. O inferno está subdividido em uma infinidade de compartimentos especializados: segundo alguns textos, várias dezenas de milhões. De acordo com os Puranas, existem sete infernos principais, cada vez mais profundos, subdivididos em infernos secundários. Um deles, o *Asipattravana* ("floresta de folhas-espadas"), é uma floresta cujas árvores têm folhas de lâminas afiadas que caem sobre o condenado e lhe provocam inúmeros cortes; ele tropeça em brasas incandescentes e é dilacerado por cães ferozes.

Esses sofrimentos, pelos quais o condenado é responsável, chegam ao fim. Continua subsistindo nele um fragmento do divino, o *karman*, que pode ajudá-lo em uma nova vida a combater seu desejo de viver.

As grandes religiões do Extremo Oriente adotaram, com variantes, esse esquema geral. O budismo, cujo inferno reconhece dezoito esferas de calor e de frio; as religiões chinesas, que identificam nove infernos; no Japão, também encontramos a leitura do livro no qual estão identificadas as ações más e a pesagem das almas. Os condenados matam uns aos outros, são esmagados, devorados e afogados.

Para além de detalhes pitorescos de origem popular, todos esses infernos têm o mesmo significado: aquele que escolhe o mal destrói a ordem cósmica divina. Ele prepara para si mesmo um além caótico de sofrimentos. Pois o mal fundamental é a desordem, e a desordem é o sofrimento. É o que Lao-Tsé declara sobriamente por volta de 600 a.C.: "Aquele que se une à virtude, a virtude recebe; aquele que se une ao mal, o mal recebe".

IV. OS INFERNOS MASDEÍSTAS

As religiões do antigo Irã estão profundamente marcadas por uma visão dualista do mundo, em que as forças do bem e do mal se enfrentam. De acordo com crenças que podemos remontar ao século VII antes de nossa era, a alma realiza depois da morte a viagem tradicional, comum a quase todas as religiões; viagem através das esferas celeste, lunar e solar, ou viagem mais terrena, guiada por uma jovem e dois cachorros. A alma chega então a uma ponte, em cuja extremidade oposta se encontra o reino de Ahura Mazda, o mundo celeste. Essa ponta é uma espada, que o justo atravessa sobre o lado largo, enquanto o pecador tem de passar em cima do fio. Então, diz um texto sagrado, "atravessam-lhe o caminho, ela (a alma) cai de cabeça, do lugar mais alto da ponte, nos infernos, e sofre todos os males possíveis".

Portanto, já existe aqui a separação entre os bons e os maus. Esse aspecto será acentuado por um dos grandes reformadores religiosos da humanidade, um padre pouco conhecido do século V a.C., Zoroastro ou Zaratustra. Sua doutrina, o masdeísmo, está contida nos textos do *Avesta*. Embora não se possa atribuir tudo a ele com certeza, as grandes linhas são bem precisas. O destino do homem depois da morte depende das escolhas que foram feitas durante esta vida. A alma, princípio espiritual, mas capaz de sentir e de se deslocar, é separada do corpo. No quarto dia, escoltada por espíritos bons e demônios, ela se dirige ao local do julgamento, que é presidido por três deuses, Mihr, Rashu e Srosh. Seus atos são pesados em uma balança de ouro, e depois ela precisa passar pela "ponte do retribuidor". Para a alma má, que durante a vida favoreceu o deus do mal, Angra Mainyu, a ponte se retrai, e ela cai no inferno.

Os *gathas* de Zoroastro não dão nenhuma precisão sobre seu destino: "Longo período de trevas, comida ruim, gritos de desespero, essa será a vida que suas próprias ações, inimigos da fé, lhes terão valido". Porém, textos mais tardios trazem detalhes e variantes: para alguns, existem três seções infernais especializadas: uma para os maus pensamentos, uma para as palavras más, uma para as ações más, e, por baixo, a "escuridão sem fim", para aqueles que foram completamente maus. Para outros, os diferentes estágios que correspondem à gravidade das faltas: no nível superior, no *"hamestagan* dos injustos", para aqueles que não foram muito malvados, só se sofre de calor e de frio, soprados por correntes de ar. Nos níveis inferiores, é-se amontoado no escuro e no frio glacial, alimentado de sangue podre e de vômito, de carne repleta de vermes, e se é torturado pelos demônios, que traduzem os pecados cometidos em vida.

Sofrimentos intermináveis, já que três dias parecem 9 mil anos, mas que chegarão ao fim quando vier o salvador, o "Vivente", que, nascido de uma virgem, purificará o mundo do mal por meio do fogo. Essa última característica irá se desenvolver na época parta, no século II a.C., antes do anúncio da vinda de Mithra, que nascerá em uma caverna, no dia 25 de dezembro, de uma virgem. Ele trará o triunfo definitivo do bem, a vitória de Ahura Mazda.

Concepção muito próxima daquela que surge na mesma época no seio da religião judaica e que corresponde a um refinamento gradual da consciência moral e a uma espiritualização dos cultos do Oriente Médio. Mas outra tradição, a do mundo greco-romano, vê surgirem dois tipos de inferno diferentes, correspondendo a atitudes mentais próprias da genialidade ocidental: um inferno nascido da tradição poética homérica e um inferno nascido da especulação filosófica, abstrata e racional. É do encontro dos infernos do Oriente Médio e dos infernos greco-romanos que nascerá o inferno cristão.

– 3 –

OS INFERNOS PAGÃOS CLÁSSICOS

É na Grécia, mãe da civilização ocidental, que se fixam as características clássicas do mundo infernal. Inicialmente sob uma forma poética e muito vívida, com Hesíodo e Homero, depois em uma reflexão filosófica sobre o mal e seu castigo. Poéticos ou filosóficos, os infernos gregos são, em última análise, muito pouco religiosos; respostas bastante humanas ao problema do mal, eles consideram todas as possibilidades e estão na origem de todos os conceitos de inferno posteriores, inclusive os mais modernos, como o inferno existencial.

De fato, todas as soluções são contempladas, de acordo com pontos de vista morais, jurídicos, poéticos e filosóficos. Esses infernos, ainda mais que os precedentes, estão intimamente relacionados com as preocupações sociais e políticas, e, nesse sentido, são muito mais humanos. Os construtores dos infernos greco-romanos são, sobretudo, à sua maneira, legisladores e sociólogos à procura da sociedade ideal. Portanto, eles precisam encontrar uma solução para o problema do mal.

I. OS INFERNOS GREGOS: POETAS E FILÓSOFOS

A mitologia grega é muito rica no que se refere a esse assunto. As obras mais antigas de Hesíodo e Homero, que podemos situar por volta do século VIII a.C., são prolixas sobre os infernos, lugar muito visitado pelos deuses e heróis. Teseu, que se encontrava condenado ali, foi levado por Héracles; Dioniso foi ao inferno entregar a mãe, Sêmele; Orfeu quase conseguiu tirar Eurídice de lá, enquanto Alceste escapa do inferno graças à intervenção de Admeta, e Tirésias, Aquiles e Ulisses circulam pelos locais.

Esses infernos muito familiares, de onde se entra e se sai com uma facilidade desconcertante, dizem respeito aos homens ou estão reservados aos heróis e aos deuses? A *Teogonia*, a *Ilíada* e a *Odisseia* não deixam claro. À primeira vista, os "condenados" são sobretudo as vítimas das vinganças de Zeus, que manda para lá aqueles que contrariaram seus planos. Quando, na *Odisseia*, Ulisses visita os infernos, ele assiste aos suplícios de alguns heróis célebres:

> Também vi Tício, filho da ilustríssima Terra; ele estava deitado no chão e cobria quatro arpentes;[2] dois abutres postos em seus flancos lhe dilaceravam o fígado, enfiando o bico em suas entranhas, e ele não procurava afastá-los com as mãos; pois ele agredira Leto, a gloriosa esposa de Zeus, quando ela ia para Pytho pelo caminho de Panopeia, a cidade dos belos coros.

---

2 Antiga medida agrária dos gauleses, equivalente a cerca de 60 m². (N. T.)

Também avistei Tântalo, que sofria um cruel suplício, de pé dentro de um lago com água até o queixo; ávido por beber, ele não conseguia alcançar a água; toda vez que o velho se inclinava, desejando aplacar a sede, a água sumia, absorvida pelo solo; ao redor de seus pés parecia uma terra negra que ressecava um deus. Árvores com folhagem alta e frondosa deixavam pender seus frutos acima de sua cabeça [...]; quando o velho estendia os braços para pegá--los com as mãos, o vento os repelia na direção das nuvens escuras.

E vi ainda Sísifo, que sofria violentas dores: ele empurrava com os braços uma enorme pedra na direção do topo de uma colina; mas, quando ia ultrapassar o cume, o peso o levava para trás; de novo, a insolente pedra rolava na direção da planície. Recobrando as forças, ele recomeçava a empurrá-la, o suor escorria de seus membros e o pó se elevava como uma auréola ao redor de sua cabeça. (Canto XI)

No entanto, parece que o inferno é o destino comum a todos os homens. De acordo com os trabalhos de Victor Bérard, a passagem precedente seria uma interpolação tardia, enquanto no texto primitivo Homero seria muito discreto a respeito da existência de suplícios. Mas, de todo modo, a concepção desse mundo dos mortos é muito pessimista e revela um medo evidente da sociedade grega arcaica, que exalta a vida debaixo do sol: "Ao Hades cabem as trevas nubladas, a Zeus cabe o vasto céu", diz a *Ilíada*. A entrada desse mundo subterrâneo lúgubre fica na extremidade da Terra, no poente, e inspira terror: "odiosos como as portas do Hades", diz Ulisses, enquanto Aquiles declara: "Eu odeio como as portas do Hades", e, em outra passagem: "Preferiria ser o empregado de um tropeiro pobre a reinar sobre toda a profusão das sombras". No entanto, a sorte daqueles que não tiveram sepultura, como Pátroclo, e que não são admitidos nos infernos, é ainda pior: eles vagam, sem abrigo, em torno da entrada.

O inferno é um mundo que, segundo Hesíodo, parece uma jarra gigante ou uma caverna. O rio Oceano, com seus afluentes,

Styx, Cocytus e Aqueronte, o separa do mundo dos vivos. Lá, o ar é úmido e cheira a mofo. Os bons e os maus não têm ali a mesma sorte. Uma triagem é efetuada por dois juízes, Radamanto, o herói cretense, e seu irmão Minos, ambos conhecidos por sua justiça e sabedoria. Os bons se refrescam na pradaria de asfódelos ou nos "campos Elíseos", mas não sabemos sob quais elementos eles são julgados. Seja como for, só a permanência no Tártaro, prisão dos Titãs, situada debaixo do Hades, é definitiva. Por fim, último traço de desconfiança em relação ao além: as almas dos mortos são ameaçadoras. Ulisses passa por essa experiência e tem de se esconder:

> As almas dos mortos se reuniam das profundezas do Érebo: jovens esposas, homens jovens, velhos testados pela vida, virgens gentis cujo coração inexperiente não conhecera outros sofrimentos, e quantos guerreiros feridos pelas lanças armadas de bronze, vítimas de Ares, com suas armas ensanguentadas! Eles vinham em grande número de todas as partes ao redor do poço, erguendo um prodigioso clamor, e, quanto a mim, fui tomado por um medo que me empalideceu (*Odisseia*, canto XI).

Temos aí um amontoado de seres que tiveram uma sorte terrena muito diferente e que se reuniram de maneira indiferenciada, visivelmente descontentes com sua sorte. Concepção que parece próxima da dos infernos mesopotâmicos.

Esse primeiro inferno, poético e difuso, será a fonte de inúmeras reflexões na Grécia clássica dos séculos VI a IV a.C. Por um lado, seu aspecto pitoresco inspira poetas, trágicos e moralistas, que desenvolvem a ideia de julgamento depois da morte. Para Ésquilo, Zeus "pune os mortos pelos crimes que eles cometeram". Píndaro, Sófocles e Aristófanes têm a mesma opinião.

Os filósofos são mais críticos. Pela primeira vez, intelectuais começam a refletir racionalmente sobre o problema do mal moral, de sua origem e de sua eventual punição no além. Suas conclusões são muito reservadas. A maioria sente uma enorme desconfiança em relação aos infernos. Para Heráclito, o mal contribui para a harmonia universal; para Leucipo e Demócrito, ele está ligado ao acaso e não pode ser objeto de castigos, tanto quanto para Pitágoras. Para Sócrates, o mal é resultado da ignorância, e é sua própria punição.

Aristóteles é mais radical: como a morte do indivíduo é total, a existência de um inferno no além está excluída. É nesta vida que, aos se apegar a falsos valores, o homem constrói sua infelicidade. Para Epicuro, os deuses não se interessam pelas ações humanas; portanto, não existe julgamento. Do mesmo modo para os estoicos, dos quais alguns pensam, como Sêneca, que os mortos encontram a mesma condição daqueles que não nasceram, portanto o nada. Para Cícero, os infernos são fábulas de poetas; a única alternativa é entre uma eternidade bem-aventurada e o nada.

A ideia de inferno, portanto, é majoritariamente repelida pelos intelectuais greco-romanos, para quem a ideia de divindades julgando as ações humanas é incoerente. Para a maioria deles, os deuses, se existem, não se ocupam dos homens. O mundo divino é completamente estranho ao mundo humano. Se existe um inferno, são os homens mesmo que o constroem na Terra e que se condenam a ele por sua própria cegueira, esforçando-se em perseguir fantasias e falsos valores. Portanto, desde o século V a.C. três concepções de inferno coexistem no mundo greco-romano: o inferno existencial que vivemos na Terra – o de Lucrécio; o inferno filosófico, construção lógica indispensável ao bom funcionamento da Cidade e consequência da existência de um deus que é, ao mesmo tempo, o bem absoluto – o de Platão; o inferno popular, projeção de um desejo de justiça e de revanche, onde os maus são vítimas de suplícios pitorescos – o de Virgílio.

II. O INFERNO EXISTENCIAL DE LUCRÉCIO

Poeta, filósofo e sábio nascido por volta do ano 100 a.C. e morto em 55 a.c., Lucrécio deixou um grande poema didático em seis volumes, *Sobre a natureza das coisas*, que é um comentário sobre o pensamento de Epicuro. Encontramos nele uma concepção extraordinariamente moderna do inferno. Concepção bastante minoritária, reservada a uma elite do pensamento, mas da qual encontramos representantes até no século XX.

Marca de um humanismo pessimista profundo, a reflexão de Lucrécio revela um homem consciente da grande solidão do ser pensante: não há nada a esperar do além, que é o fruto da imaginação dos poetas. A morte é a única saída; ela é total e definitiva. Não existe nenhum inferno sobrenatural a ser temido: "É preciso expulsar e derrubar esse temor do Aqueronte que, penetrando até o fundo do homem, gera insegurança na vida e a pinta toda com o negrume da morte". Os mitos infernais são criações das religiões, que alimentam inutilmente o medo. Mas existe um inferno verdadeiro, bem real: é a angústia ligada à própria existência. Viver é ter medo: medo da morte, do sofrimento, da doença, das punições, dos deuses, dos tormentos da consciência; esse medo, dos males reais ou imaginários, é indissociável da vida; no entanto, ele está ligado ao desejo de viver, e essa eterna tensão entre a afirmação do eu e seus temores é a angústia existencial, é o inferno: "Cada um procura escapar, sem conseguir, evidentemente, se evadir, permanecendo preso a si mesmo apesar de si mesmo e se odiando". A saída é a morte: Lucrécio se suicida aos 45 anos.

Em uma página fulgurante de *Sobre a natureza das coisas*, Lucrécio transpõe os mitos infernais para a vida terrena. Desse modo, ele lhes confere um comovente valor alegórico:

Da mesma forma, certamente, todos os castigos que a tradição situa nas profundezas de Aqueronte, todos, sejam eles quais forem, é em nossa vida que os encontramos. Não existe, como diz a fábula, o infeliz Tântalo temendo permanentemente o enorme rochedo suspenso sobre sua cabeça e paralisado por um terror sem objeto: mas é mais o temor inútil dos deuses que atormenta a vida dos mortais e o medo dos golpes cujo destino ameaça cada um de nós. Também não existe Tício estendido no Aqueronte, dilacerado pelas aves; e estas, aliás, não encontrariam o que destroçar durante a eternidade. Mesmo assim, por mais assustadora que fosse a grandiosidade de seu corpo estendido, em lugar de cobrir apenas nove arpentes com seus membros esquartejados ele ocuparia a Terra; entretanto, não conseguiria suportar até o fim uma dor eterna nem fornecer com seu próprio corpo um alimento inesgotável.

Mas, para nós, Tício está na Terra: é o homem que se entrega ao amor, que os abutres da inveja dilaceram, que uma angústia ansiosa devora ou cujo coração se parte nos sofrimentos de outra paixão qualquer. Quanto a Sísifo, ele também existe na vida; nós o temos sob nossos olhos, aquele que se lança a disputar junto ao povo o feixe de varas e os machados temíveis, e que sempre se retira vencido e cheio de agonia. Pois procurar o poder que não passa de ilusão e nunca é concedido, e nessa procura suportar sempre duras labutas, é o mesmo que empurrar com esforço na encosta de uma montanha uma pedra que, mal chegada ao topo, volta e rola imediatamente para baixo na planície. Do mesmo modo, alimentar continuamente os desejos de nossa alma ingrata, cumulá-la de bens sem poder saciá-la jamais, à maneira das estações, quando, em seu retorno anual, nos trazem seus diferentes produtos e bênçãos, sem que, no entanto, nossa fome de prazeres seja jamais aplacada, é isso, penso, que simbolizam essas jovens na flor da idade que dizemos estar ocupadas a despejar água em um vaso sem fundo que nenhum esforço jamais conseguiria encher. Cérbero, e também as Fúrias, e a falta de luz no Tártaro, cujas gargantas vomitam chamas assustadoras, que não existem em lugar nenhum e não podem, de fato, existir. Mas existe na vida um temor notável dos castigos causados por delitos notáveis, e da expiação do crime: prisão, queda horrível do alto da rocha, varas, verdugos, espadas incandescentes, tochas; e, mesmo na ausência dessas punições, a alma consciente de seus crimes e que se aterroriza ao pensar neles aplica em si mesma o aguilhão, entrega-se ao ardor do chicote, sem perceber, contudo, qual pode ser o fim de seus males, qual seria, definitivamente, o fim de seus sofrimentos, e temendo, ao contrário, que tanto uns como outros piorem com a morte. Enfim, é aqui embaixo que a vida dos tolos se torna um verdadeiro inferno (*Sobre a natureza das coisas*, III, 978-1024).

III. O INFERNO FILOSÓFICO PLATÔNICO

A essa concepção puramente psicológica do inferno, Platão opõe uma concepção política e sociológica. Na verdade, sua preocupação parece ser mais a de um legislador que a de um moralista ou teólogo. Ele tem uma visão muito jurídica e legalista. Aliás, ela não é muito coerente, e existem diferenças substanciais entre o que é apresentado em *Fédon*, n'*A república* e em *Górgias*, que são os três diálogos nos quais aparece claramente o inferno.

Uma coisa é certa: a morte é seguida de um julgamento, ao fim do qual os bons são separados dos maus. A partir daí, a sorte destes últimos é variável. Segundo *Fédon*, são estabelecidas duas categorias – os irrecuperáveis e os outros:

> Por outro lado, aqueles cujo caso tiver sido considerado incorrigível dada a grandeza de suas faltas, autores de inúmeras pilhagens e feitos importantes nos templos, autores de numerosos homicídios, injusta e ilegalmente cometidos, ou de todos os outros crimes que ainda podem existir nesse gênero, o quinhão que lhes cabe os lança no Tártaro, e eles nunca mais saem de lá. Quanto àqueles a quem se terá reconhecido que as faltas que eles cometeram não são irremediáveis, para esses, obviamente, é no Tártaro que

eles foram jogados; então, uma vez jogados lá dentro, e depois de terem passado ali um lapso de tempo considerável, a onda os rejeita [...] lá chegando, eles chamam em altos brados, alguns a quem eles fizeram perecer, outros a quem eles maltrataram, e, depois de havê-los chamado, eles lhes suplicam, eles lhes pedem que os deixem sair do rio para passar para o lago e que os recebam ali; se eles conseguiram convencê-los, eles passam, pondo assim um fim às suas penas; se é o contrário, eles são reconduzidos ao Tártaro e, dali, novamente para os rios: um tratamento que só termina para eles quando tiverem convencido as vítimas de suas injustiças; pois essa é a pena que lhes foi atribuída pelos juízes (113-114).

Uma terceira possibilidade é contemplada neste diálogo: a alma daqueles que, em vida, foram escravos dos desejos corporais é condenada a vagar pela Terra, atraída para o que é abjeto pelo elemento material, acabando por reencarnar em um animal que representa seu defeito predominante.

Nas *Górgias*, encontramos a diferença entre os incuráveis e os outros. Embora todos estejam submetidos aos sofrimentos, estes não têm o mesmo objetivo: para alguns, eles são benéficos, redentores, purificadores e, portanto, temporários; para os outros, os incuráveis, eles servem de exemplo: não podem mais salvá-los, pois eles cometeram faltas demasiado importantes, mas servem para alertar os homens sobre o que os espera se eles praticam o mal:

> Aqueles para os quais é vantajoso pagar a pena que lhes foi imposta pelos deuses ou pelos homens são aqueles cujas faltas não são incuráveis; não deixa de ser por meio de sofrimentos e dores que eles obtêm essa vantagem, tanto aqui embaixo como no Hades; pois não é possível se livrar da injustiça de outra maneira.
>
> Quanto àqueles que terão levado suas injustiças ao último grau, e que, por meio de ações injustas de tal sorte se tornaram

incuráveis, é deles que serão tirados os exemplos; e enquanto esses homens, já que são incuráveis, não ganham nada com sua pena, o ganho é dos outros, daqueles que os veem se submeter, em razão de suas faltas, a provações eternas, as maiores, as mais dolorosas, as mais assustadoras: realmente suspensos lá embaixo, no Hades, na prisão, servindo de exemplo, objetos de contemplação e admiração dos homens injustos que não param de chegar (*Górgias*, 486).

A intenção política é evidente. Na verdade, esses incuráveis, esses seres intrinsecamente maus e perigosos, são os políticos, os reis, os tiranos e, em *Fédon*, são os responsáveis pelas agitações sociais. De acordo com *A república*, as faltas mais graves são as cometidas por "aqueles que provocaram a morte de um grande número de homens, ou traíram o país, o exército, e que lançaram seus compatriotas na escravidão..." Para eles, cada injustiça é punida com cem anos de pena. Nesse diálogo, Platão recorre ao mito de Er, que desceu aos infernos, ressuscitou e conta o que viu, não recuando diante dos empréstimos aos mitos populares para descrever o modo como os demônios provocam os condenados:

> Eles lhes amarravam as mãos, os pés e a cabeça; derrubavam-nos, deixavam-nos em carne viva, arrastavam-nos pelas beiradas do caminho, raspando-os nos espinhos das cercas vivas, e àqueles que passavam eles revelavam os motivos daquele tratamento, acrescentando que os conduziam ao Tártaro para serem jogados ali (*A república*, X, 616).

Não existem punições eternas n'*A república*. Depois de mil anos, as almas são reencarnadas.

É muito difícil estabelecer em que medida Platão crê nesses infernos, e em que medida ele os criou de modo consciente para reforçar, por meio de punições sobrenaturais, suas utopias legislativas. Nas *Górgias*, ele estabelece uma diferença não muito clara entre fábula e história. Sócrates se dirige a Cálicles: "Escute então, como se diz, uma bela história. Tenho certeza de que você vai considerá-la uma fábula, mas, para mim, é uma história, e é com o pensamento de que são verdades que eu lhe direi o que vou lhe dizer". Um pouco adiante, Sócrates volta a sentir o ceticismo de seu interlocutor: "Talvez você considere que tudo que eu lhe disse é uma fábula, tal como contaria uma velha, e não me dá ouvidos"; e ainda: "portanto, deixe-se convencer, [...] tal como dá a entender a história que eu lhe contei".

É bem provável que essas dúvidas sejam as dúvidas do próprio Platão. Nesse caso, seu inferno deve ser inscrito nas elaborações conscientes de mitos destinados a sustentar um projeto sociopolítico. Quando, em *Fédon*, ele se entrega a uma descrição interminável da rede hidrográfica do inferno e se demora sobre a topografia precisa desses lugares subterrâneos, é difícil acreditar em sua sinceridade, em uma época na qual a maioria das correntes filosóficas expressava as maiores ressalvas sobre o assunto.

Entretanto, seus sucessores neoplatônicos retomarão suas afirmações. No século III, Plotino elabora uma concepção mais espiritual, que não deixa de lembrar a dos infernos hinduístas. Para ele, o inferno corresponde à situação da alma envolvida com a matéria. O inferno:

> É quando a alma está mergulhada no corpo, afundando-se na matéria e enchendo-se dela; depois, quando ela deixa o corpo, cair novamente na mesma lama até que regresse ao mundo inteligível e afaste o olhar desse lodaçal: é essa sua verdadeira morte. Enquanto ela permanece ali, dizemos que ela desceu aos infernos e que lá repousa (*Enéadas*, IV, 1, 8).

Para Plotino, na verdade existem três tipos de infernos complementares: aquele que é criado pela punição imanente dos pecados, que nos causam problemas aqui embaixo; aquele que resulta de nossa reencarnação em seres inferiores; aquele que é infligido pelos demônios em razão das faltas mais graves.

IV. O INFERNO POÉTICO E POPULAR DE VIRGÍLIO

A *Eneida* é o primeiro grande manual turístico do inferno, e continuará sendo a obra de referência durante vários séculos, a ponto de Dante escolher Virgílio como guia por ocasião de sua importante viagem.

Recordemos o contexto da narrativa: para fazer uma visita a seu pai Anquises, Eneias pede permissão a Sibila para descer aos infernos, o que lhe é concedido, com a condição de que ele cumpra alguns ritos propiciatórios. A viagem é perigosa e, ao mesmo tempo, simbólica e cheia de imagens reais, o que, somado à qualidade literária, ajudará a fazer do livro um modelo do gênero, imitado com frequência.

A entrada do inferno está geograficamente situada: é o pântano de Aqueronte, próximo de Cannes, na Campânia. A atividade vulcânica dessa região e as paisagens lúgubres a que ela deu origem estabelecerão solidamente sua reputação: durante muito tempo as bocas do inferno estarão situadas entre o Vesúvio e o Etna, na Campânia ou na Sicília. O acesso é feito por uma caverna, de onde saem odores nauseabundos. Depois de uma longa descida, penetramos no vestíbulo, onde se encontram os sinistros defensores do inferno: a doença, a fome, a pobreza, a guerra, o sofrimento, o remorso, o medo, a prisão, o luto, a discórdia e a morte. Depois somos assaltados pelas sombras monstruosas das harpias, das górgonas, das hidras e dos centauros, guardiões do lugar. O imaginário cristão os transformará em demônios.

Tendo chegado às margens do Aqueronte, é preciso se dirigir ao barqueiro, um velho coberto de farrapos chamado Caronte.

É grande o número de almas que desejam atravessar, mas as dos corpos que não tiveram sepultura devem vagar cem anos antes de poderem subir na barca. Do outro lado do rio, é preciso prender Cérbero, o cão monstruoso de três cabeças.

O tribunal de Radamanto e Minos, auxiliado por jurados escolhidos por sorteio, segundo o costume romano, atribui às almas o compartimento que lhes cabe. Existe, antes de mais nada, uma categoria que constrange todos os criadores de infernos: os bebês mortos em tenra idade. Eles estão ali, e choram na companhia dos suicidas que levaram uma vida justa e dos condenados à morte por engano. Embora não sejam submetidos a sofrimentos, não estão felizes, não mais que os habitantes do Campo das Lágrimas: apaixonados infelizes, guerreiros mortos em combate, desafortunados de algum modo que, amargurados e invejosos, remoem suas mágoas como nos infernos sumerianos. De maneira estranha, todas essas vítimas da vida continuam sendo excluídas: elas não são aceitas nem no Eliseu, com os bem-aventurados, nem no Tártaro, com os condenados.

Pois é ali que se encontra o inferno propriamente dito, em uma enorme fortaleza de ferro, com muralhas triplas, rodeada pelo Piriflegeton, rio de chamas. A fúria Tisífone guarda a entrada, e desse antro sobem gritos, lamentações, barulhos de correntes e de golpes. Nenhum homem puro pode entrar ali, e a sibila explica a Eneias os suplícios a que são submetidos os infelizes, dos quais fazem parte os casos célebres de Tício, Teseu, Íxion e Pirítoo.

Quais são as ações que fizeram seus autores merecer essa sorte?

> Ali ficam aqueles que durante a vida odiaram seus irmãos, bateram em seu pai ou enganaram a boa-fé do cliente; aqueles (e seu número é considerável) que cuidaram das riquezas acumuladas só para eles e que não deram uma parte a seus entes

queridos; aqueles que foram mortos por um adultério; e aqueles que, seguindo as armas profanas, não temem trair o juramento feito a seus senhores: todos os prisioneiros aqui aguardam o castigo. Não procure saber qual é esse castigo nem qual tipo de crise ou que destino mergulhou ali esses homens. Aquele vendeu sua pátria em troca de ouro e lhe impôs um senhor todo-poderoso; aquele outro entrou no quarto da filha e consumou o himeneu proibido. Todos ousaram um plano monstruoso e cumpriram com sua ousadia. Não, mesmo se eu tivesse cem línguas e cem bocas e uma voz de ferro não poderia enumerar todos as formas de crime, passar em revista todas as formas de suplício (*Eneida*, 560-630).

A relação entre os crimes punidos no inferno e aqueles que a lei romana condena é bem impressionante. Assim, a lei das doze tábuas proíbe expressamente enganar a boa-fé do cliente; a lei *Julia de adulteriis*, que data de 17 a.C., autoriza o marido a matar a mulher e seu amante pegos em flagrante delito de adultério: encontramos no inferno os adúlteros assassinados, mas não o marido assassino. Os casos dos escravos revoltados e dos legisladores que fazem as leis e as anulam estavam particularmente em voga na época conturbada do fim da guerra civil, e não é surpreendente encontrar toda essa gente no inferno. Um inferno que ainda é provisório: as almas purificadas passam um período no Eliseu e, transcorridos mil anos, depois de terem bebido o esquecimento no rio Lete, são reencarnadas.

Inferno muito legalista e, no entanto, muito poético, a criação virgiliana é uma das fontes do inferno cristão clássico, que também é herdeiro de outra tradição, a do mundo bíblico.

– 4 –

OS INFERNOS BÍBLICOS E HEBRAICOS

A importância assumida pelo inferno na religião cristã tradicional muitas vezes levou a pensar que ele devia ocupar um lugar importante no mundo bíblico e nas Escrituras, fonte da Revelação, da teologia e do dogma. Nada disso. O inferno como lugar de punição no além está estranhamente ausente do Antigo Testamento ao menos até o século III antes de nossa era, ou seja, até uma época tardia, quando todas as outras religiões já têm uma tradição infernal solidamente estabelecida.

Se um início de reflexão sobre a eventualidade de castigos infligidos por Deus aos maus depois da morte aparece a partir do século III a.C., é muito mais como resultado do contato com as outras civilizações do que pelo desenvolvimento interno do pensamento judaico. E, no momento em que o cristianismo aparece, a comunidade hebraica ainda está muito dividida em relação a esse tema, sobre o qual o Novo Testamento é extremamente discreto. É em um contexto muito específico, o da literatura apocalíptica, que são criadas as primeiras imagens de um lugar de sofrimento em meio às chamas e aos vermes, imagens que, nos meios populares, perderão rápido o significado simbólico e serão consideradas realidade.

I. AS CONCEPÇÕES BÍBLICAS ANTIGAS

De todas as religiões do Oriente Próximo, a dos hebreus talvez seja aquela que, durante muito tempo, tenha sido a mais "materialista". De acordo com os livros mais antigos, parece normal que tudo termine com a morte. Pois, se as almas devem ir então para o Sheol, lugar situado "nas profundezas da Terra", diz o salmo 63, a diferença com o nada é bastante tênue: nesse local fechado por uma porta sólida, elas jazem no pó, imóveis, insensíveis, inconscientes e sem nenhuma esperança de ressurreição. As perspectivas também não são animadoras para os vivos, bons e maus, que estão todos condenados à mesma sorte. É isso que constata, desiludido, o livro de *Eclesiastes*:

> [...] depois, rumo aos mortos.
> Para aquele que está entre os vivos há esperança;
> porque mais vale um cão vivo que um leão morto.
> Pois os vivos sabem que hão de morrer,
> mas os mortos não sabem coisa nenhuma,
> nem tampouco terão eles recompensa,
> porque sua memória jaz no esquecimento.
> Amor, ódio e inveja para eles já pereceram;
> para sempre não têm eles parte
> em coisa alguma do que se faz debaixo do sol. (9: 3-6)

É na Terra que Deus pune os maus, inicialmente de forma coletiva, ao permitir a ocupação estrangeira, a deportação, a peste, a fome e a invasão de animais ferozes. A partir da época dos profetas, no século VIII a.C., as punições se individualizam, mas continuam exclusivamente terrenas. Na verdade, a justiça é imanente: os maus são atingidos por vários infortúnios em virtude da lei de talião. As faltas sancionadas são religiosas, rituais ou sociais: a adoração de ídolos, a violação de tabus sobre a impureza ou de prescrições da lei mosaica.

Os primeiros esboços da ideia de inferno depois da morte são bastante tardios. Durante muito tempo, duas passagens de Isaías foram consideradas ilustrativas: "Porque eis que o Senhor virá em fogo, e seus carros, como um torvelinho, para tornar sua ira em furor e sua repreensão, em chamas de fogo, porque com fogo e com sua espada entrará o Senhor em juízo com toda a carne; [...]" (66: 15-16). "Eles sairão e verão os cadáveres dos homens que prevaricaram contra mim; porque seu verme nunca morrerá nem seu fogo se apagará; e eles serão um horror para toda a carne." (66: 24)

Mas a exegese contemporânea mostrou que essas expressões tinham um significado puramente material e terreno: os cadáveres dos inimigos de Israel irão apodrecer, roídos pelos vermes, metáfora da corrupção, ou serão queimados no vale de Hinom, fora de Jerusalém. O fogo é ao mesmo tempo material e simbólico da cólera divina que destrói os ímpios: "Até quando, Senhor? [...] Arderá tua ira como fogo?", pergunta o salmo 89. O fogo como instrumento de purificação é mencionado em 271 passagens da Bíblia.

A ideia que avança com mais nitidez na época profética é a da responsabilidade individual. No Capítulo 18, Ezequiel declara: "A alma que pecar, essa morrerá; o filho não levará a iniquidade do pai, nem o pai, a iniquidade do filho". No entanto, é preciso esperar o século V a.C. para que se assista ao questionamento, tímido, do princípio da justiça imanente. Seria o efeito da ocupação persa, do contato com o zoroastrismo e sua escatologia? Não se sabe. O livro de Jó (fim do século V a.C.) levanta a questão do justo que é atingido pelas desgraças enquanto o mau prospera. Depois da morte, seu destino é idêntico: "Juntos, eles se estendem no pó, recobertos de vermes". No século seguinte, o profeta Joel evoca a possibilidade de um julgamento no fim do mundo, precedendo a separação dos bons e dos maus, em um contexto de transformações cósmicas que prefigura a moda dos apocalipses. Mas ainda é uma ideia muito vaga.

O contato com o mundo helenístico, a partir da conquista de Alexandre em 331 a.C., e a incorporação no mundo lágida e depois selêucida, estimula a reflexão. Assiste-se à multiplicação de hipóteses, no clima de temor religioso e de busca da salvação que marca o Oriente nessa época: as religiões iniciáticas, como o culto de Cibele ou o orfismo, competem com as principais seitas, e, ao prometer a felicidade eterna aos iniciados, aumentam o temor de uma eventual condenação para os outros. O mundo judeu, mais sensível às influências externas do que durante muito tempo se acreditou, participa dessas especulações, sobretudo nos círculos da diáspora – sobretudo em Alexandria –, onde as religiões mais variadas coexistem com as posições mais materialistas, como a de Teodoro, o Ateu, e a de uma forte corrente epicurista, que se exprime por meio do aforismo: "Eu não existia, eu nasci, eu fui, eu não sou mais: é tudo. Se alguém disser o contrário, está mentindo".

II. AS DÚVIDAS DOS HEBREUS SOBRE O INFERNO (SÉCULOS III-I A.C.)

O mundo hebraico demora muito para aceitar o inferno. Ainda no século III a.C., o *Eclesiastes*, fortemente influenciado pela filosofia grega, exprime seu ceticismo:

Tudo sucede igualmente a todos: o mesmo sucede ao justo e ao perverso; ao bom, ao puro e ao impuro; tanto ao que sacrifica como ao que não sacrifica; ao bom como ao pecador; ao que jura como ao que teme o juramento". (9: 2). Ainda no século II a.c., o *Sirácida* [ou Eclesiastes] afirma que o único castigo do perverso tem lugar nesta vida, através do exercício de uma justiça imanente. Não há o que temer depois da morte: "Quer você viva dez anos, cem anos, mil anos, no Sheol não criticarão sua vida (41: 3-4).

No entanto, os acontecimentos políticos vêm estimular a reflexão e pôr em dúvida a concepção tradicional, por meio da perseguição feita pelo rei selêucida Antíoco IV (175-164 a.C.), que proíbe o culto judaico e tenta helenizar à força a Palestina. Uma revolta comandada pela família dos macabeus provoca combates heroicos, sem conseguir libertar o povo hebreu. Essas atribulações terrenas, marcadas pela vitória aparente dos inimigos do povo de Israel, não são o sinal de que Deus adia o momento das retribuições para o fim do mundo? É a ideia que emerge na literatura dita apocalíptica, de um termo que significa "revelação". Na forma, essas revelações são postas na boca de um personagem do passado, que anuncia, ao mesmo tempo, acontecimentos históricos já ocorridos e que servem de garantia quanto à veracidade de suas afirmações, e uma mensagem secreta, em linguagem simbólica, sobre os fins últimos, com a ajuda importante de transformações cósmicas que são igualmente imagens com um significado oculto.

Esse tipo de literatura, adaptado aos momentos de tribulação e perseguição, persistirá até o século II de nossa era. Para decifrá-la, precisamos de um código que ainda nos escapa em inúmeros casos, e o significado obscuro de algumas metáforas, que muito cedo se perderá, fará que se interprete ao pé da letra o que não passava de imagens e símbolos. É o caso, por exemplo, de todo o imaginário referente ao fogo.

É nesse contexto que se situa o Livro de Daniel, redigido por volta de 160 a.C. e que anuncia, pela primeira vez de maneira clara, um inferno eterno:

> [...] e haverá tempo de angústia, qual nunca houve, desde que houve nação até aquele tempo; mas, naquele tempo, será salvo teu povo, todo aquele que for achado inscrito no livro. Muitos dos que dormem no pó da terra ressuscitarão, uns para a vida eterna, e outros para vergonha e horror eterno (12: 1-2).

Entretanto, a ideia está longe de ser unânime: no segundo livros dos Macabeus, por exemplo, o único castigo anunciado por Antíoco IV é terreno: um acidente, uma morte dolorosa, uma descendência miserável. No último livro a ser introduzido no Antigo Testamento, o Livro da Sabedoria,[3] escrito possivelmente por volta de 50 a.C., a longa lista de tormentos que atingirá os perversos ainda tem um significado puramente terreno. Segundo Flávio Josefo, na época de Cristo se destacam três opiniões diferentes entre os judeus: para os saduceus, que pertencem aos círculos aristocráticos e sacerdotais, a morte individual é completa, não existe inferno. Para os fariseus, que integram um círculo piedoso oriundo das classes médias, haverá, sim, julgamento e punição no além, sob a forma de tormentos, mas essa crença é imprecisa e às vezes se mistura com ideias de reencarnação. Por fim, os essênios, que surgiram no século II a.C. e formam comunidades espalhadas sobretudo pelo deserto próximo do mar Morto, são os mais categóricos: "Esses mesmo essênios", escreve Josefo, "creem que as almas são criadas imortais, para buscar a virtude e se afastar do vício; que os bons se tornam melhores nesta vida devido à esperança de serem felizes após a morte, e que os perversos, que

---

[3] Ou Livro da Sabedoria de Salomão. Faz parte da Bíblia católica, mas não da protestante. (N. T.)

imaginam poder esconder neste mundo suas ações más, são punidos no outro com tormentos eternos". João Batista e Jesus teriam saído dessas comunidades? A questão continua sendo objeto de discussão, mas indícios preocupantes, assim como determinadas passagens dos Manuscritos do Mar Morto, cujo conteúdo tem sido revelado aos poucos, deixam essa impressão. Quanto ao mundo ortodoxo judaico, ele elabora lentamente sua especulação sobre o inferno.

III. OS INFERNOS RABÍNICOS E TALMÚDICOS

A literatura apócrifa do judaísmo é que espalha inicialmente o tema do inferno, com o Livro de Enoque, que data do século I a.C. Ele descreve o patriarca Enoque, levado para o além pelos anjos, atravessando o rio de fogo e a montanha das trevas; ele chega à entrada do inferno, que é um abismo situado a oeste, perto das colunas de fogo do céu. No interior, em um vale estreito, duas categorias de mortos esperam os suplícios: os pecadores que viveram infelizes e que sofrerão penas moderadas, e os pecadores que viveram felizes, cujas penas serão eternas.

Dois outros livros, que datam de meados e do final do século I de nossa era, insistem na mesma ideia: os Salmos de Salomão e, sobretudo, o Apocalipse de Baruque, texto rabínico que anuncia o fim do mundo, que assistirá à condenação dos perversos ao fogo: "Toda essa multidão irá se perder; incontáveis são aqueles que o fogo devorará". Esse livro também tenta fazer o exercício difícil de conciliar a responsabilidade coletiva, em razão do pecado original, com a responsabilidade individual:

> Pois, se o primeiro Adão pecou e trouxe a morte para todos aqueles que não existiam em sua época, não é menos verdade, porém, que cada um daqueles que nasceram dele preparou para

si próprio o suplício vindouro ou, ainda, escolheu para si as glórias futuras. Pois Adão só é responsável por si mesmo. E todos nós somos, por nós mesmos, Adão (LIV, 15-19).

Nos anos 70 da nossa era, o Quarto Livro de Esdras anuncia que aqueles que desobedeceram a Lei sofrerão sete suplícios diferentes. As catástrofes judaicas de 70 e de 135, ao eliminar as esperanças de libertação terrena, certamente contribuíram para difundir a crença em uma justiça futura. O sentimento mais difundido a partir do século II é que, depois da morte, a alma vai habitar o Sheol, em compartimentos separados para os bons e os maus, à espera do juízo final. Então, alguns irão para o Jardim do Éden, e os outros para a Geena, lugar subterrâneo situado a oeste e composto, segundo o Talmude, de sete habitáculos superpostos, onde predomina, em cada um, um calor seis vezes superior ao do andar de cima. Além do fogo, assiste-se ao surgimento de diversos horrores, como salas escuras apinhadas de escorpiões e a necessidade de comer os próprios membros.

De modo geral, as punições são temporárias e purificadoras: depois de algum tempo, a alma pode entrar no Jardim do Éden, com exceção dos pecadores mais empedernidos, dentre eles os cristãos, em relação aos quais as escolas rabínicas são muito divididas: a de Shamai é muito rigorosa, e acredita no "horror eterno" e nos castigos sem fim, ao passo que a de Hillel pensa que o perdão geral é concedido depois de sofrimentos que durarão até o juízo final. Outras pensam que os cristãos serão exterminados.

Essas dúvidas persistirão durante muito tempo no pensamento judaico, que dará muito menos espaço à escatologia que os cristãos. Os filósofos medievais, como Maimônides, se contentarão em reafirmar que os maus serão destruídos.

IV. O INFERNO NO NOVO TESTAMENTO

Quando se lê o Novo Testamento, a primeira surpresa é a extrema raridade do tema do inferno, que, visivelmente, ocupa apenas um lugar muito secundário na doutrina original. Se tomarmos os textos na ordem em que foram escritos, precisamos começar pelas epístolas de Paulo, já que foram redigidas entre os anos 50 e 63, ao passo que os primeiros evangelhos só adquirem a forma escrita a partir do ano 70. Ora, nos escritos de Paulo a palavra inferno só aparece uma vez, e no sentido de "mundo subterrâneo": "para que ao nome de Jesus se dobre todo joelho, nos céus, na terra e debaixo da terra" (Filipenses, 2: 10). Paulo faz algumas alusões ao juízo final, dizendo que cada um terá sua retribuição, mas sem nunca precisar qual será o destino dos perversos. Paulo se limita a sugerir, na Epístola aos Romanos (2: 5-12), que eles estão destinados a perecer. Essa extrema discrição por parte dele, que é considerado o primeiro teólogo da Igreja, e cuja doutrina se aprofunda tanto em outros assuntos, é estranha.

Encontramos o mesmo silêncio em Pedro, cuja primeira Epístola, datada do ano 64, e que se refere extensamente ao além, não tem uma palavra sobre o inferno. Na segunda Epístola, a passagem que menciona o Tártaro (2: 4) é um acréscimo apócrifo do século II. O mesmo mutismo aparece nos Atos dos Apóstolos, redigido por volta do ano 80.

A única referência que encontramos tanto em Paulo (Romanos, 10: 7; Efésios, 4: 8-10) como em Pedro (I, 3: 19-20) se refere a uma hipotética descida de Jesus ao reino dos mortos entre a Sexta-Feira Santa e o Domingo de Páscoa. Em todas as vezes, a formulação é muito ambígua, e a palavra inferno não é empregada. Ela significa provavelmente que Jesus foi salvar os justos que morreram antes de sua vinda. No entanto, é a expressão "descida aos infernos" que se tornará oficial ao aparecer pela primeira vez em 359, no *Quarto Concílio de Sírmio*, obra de Marcos de Aretusa. Ela será incluído no *Símbolo dos Apóstolos* [Ou *Credo dos Apóstolos*], síntese da fé criada no século V na Gália e na Espanha e introduzida em Roma no século X.

Em termos comparativos, os evangelhos mencionam mais o inferno. Nesse aspecto, o contraste com a doutrina de Paulo é impressionante, e levanta de novo o problema – renovado por determinadas interpretações dos Manuscritos do Mar Morto – de uma divergência fundamental entre Paulo e Cristo. É preciso lembrar também que os evangelhos são fruto de uma reflexão coletiva no seio das comunidades primitivas, marcadas pelo espírito essênio, e que seu registro por escrito ocorre depois da catástrofe que foi a destruição de Jerusalém no ano 70, que reforça o espírito apocalíptico.

O inferno evangélico é quase sempre a Geena, isto é, um lugar bem concreto, o "Vale das Lamentações", ou "Gi-Hinom", um lugar maldito, local de um antigo culto cananeu onde outrora queimavam oferendas a Baal, possivelmente com sacrifícios humanos. Desde o retorno do Exílio, esse lugar é um enorme aterro sanitário onde são queimados continuamente cadáveres de animais e lixo, consumidos pelos vermes e pelo fogo. Essa é origem da frase de Marcos: "E, se um dos teus olhos te faz tropeçar, arranca-o; é melhor entrares no reino de Deus com um só dos teus olhos do que, tendo os dois, seres lançado no inferno, onde não lhes morre o verme nem o fogo se apaga" (9: 47-48). O verme e o fogo se tornarão rapidamente os dois componentes essenciais do inferno.

Mateus é o mais prolixo a esse respeito: "Ali haverá choro e ranger de dentes" (8: 12), frase retomada em seis ocasiões; em três delas, o apóstolo menciona "trevas exteriores", e em três outras, o "fogo eterno". Ele faz referência também às "portas do inferno", à "Geena de fogo". Lucas, por sua vez, relata o episódio de Lázaro e do homem rico avarento (16: 19-31). Trata-se, na verdade, de um diálogo didático igual ao encontrado na mitologia egípcia: depois de morrer, o homem rico avarento se encontra em um lugar de torturas, onde sofre com o fogo, e pede a Abraão uma gota d'água, que lhe é recusada. Nessa história, destinada a provocar a conversão, Lucas acrescenta comentários a respeito do número reduzido de eleitos: "Esforçai-vos por entrar pela porta estreita, pois eu vos digo que muitos procurarão entrar e não poderão" (13: 24).

Quanto à obra de João – cujo Apocalipse, redigido por volta do ano 95, conclui cronologicamente as obras do Novo Testamento –, ela se situa nessa literatura extremamente específica cujo surgimento se deu com Daniel. Metáforas incandescentes é o que não faltam. Os perversos "serão atormentados com fogo e enxofre, diante dos santos anjos e na presença do Cordeiro. A fumaça dos seus tormentos sobe pelos séculos dos séculos, e eles não têm descanso algum, nem de dia nem de noite" (14: 10-11). Veem-se "lagos de fogo ardentes de enxofre", e a oposição eleitos-condenados é um traço constante, do tipo essênio.

No geral, a doutrina do Novo Testamento referente ao inferno é muito vaga e ambígua. Emprestando elementos da tradição apocalíptica dos essênios e da Geena terrena, e com o choque que se seguiu à conquista de Jerusalém, ela é típica da mentalidade de um pequeno grupo que se vê diante de um ambiente hostil e de fracassos, o qual se considera o pequeno grupo dos "eleitos" que aspira à grande retribuição definitiva.

Seja como for, o inferno não ocupa muito espaço. Ele continua sendo um vago pressentimento, uma ameaça hipotética. Nenhum evangelista afirma, por exemplo, que Judas, o traidor por excelência, esteja condenado. Enforcado, para alguns, vítima de uma queda, para outros, seu destino eterno é desconhecido.

É a partir desses parcos fundamentos que a tradição cristã – popular, de um lado, teológica, de outro – vai construir o enorme edifício infernal, com um objetivo ao mesmo tempo moral, pastoral e dogmático.

– 5 –

A ELABORAÇÃO DO INFERNO CRISTÃO

De início, é no nível popular que se desenvolve a concepção cristã de inferno. Em termos cronológicos, são os apocalipses e os textos apócrifos que apresentam as primeiras representações do universo infernal, muito chamativo. A reflexão só aparece em um segundo momento, com os Pais da Igreja, que trabalham com dados muito heterogêneos. As divergências entre os Pais também são consideráveis, e, como os textos bíblicos, suas obras podem ser utilizadas para justificar pontos de vista opostos.

Durante a alta Idade Média, são os monges que irão conferir ao inferno suas concepções, muito rigorosas, ao escrever os relatos de inúmeras viagens aos infernos, dos quais alguns assumirão, praticamente, o status de revelação. Eles irão determinar, sobretudo, a lista de pecados que condenam à danação, além das penas correspondentes.

Por fim, do século XI ao século XIII, os teólogos escolásticos tentarão racionalizar todos esses dados e resolver as contradições pendentes. Seus padrões são surpreendentemente sóbrios em comparação com as visões precedentes. Quanto ao dogma, narrativa oficial das crenças da fé, ele conserva apenas o princípio do inferno, sem mais detalhes.

I. O INFERNO DA TRADIÇÃO POPULAR

É no interior das comunidades cristãs, compostas em grande parte por pessoas humildes e rudes, que a necessidade de conhecer o futuro destino da alma é mais forte. Entre todos esses convertidos sedentos de salvação, cujo destino terreno é difícil e de quem se exige que sacrifiquem a vida na esperança de uma eternidade bem-aventurada, o desejo de saber o que será esse outro mundo é legítimo. Para muitos, também é importante conhecer a sorte dos condenados, isto é, de todos aqueles que não aderiram à verdadeira fé e que desfrutam desta vida terrena. O desejo de revanche não é estranho a essa curiosidade: os sacrifícios exigidos nesta vida aos fiéis devem ser compensados tanto por um gozo futuro quanto pela punição daqueles que foram felizes neste mundo. Para muitos autores que exploram esses sentimentos populares – para Tertuliano, por exemplo –, a felicidade dos eleitos aumentará com o espetáculo do sofrimento dos condenados.

Porém, como as Escrituras são muito vagas a respeito desses sofrimentos, inúmeros textos apócrifos de estilo apocalíptico irão preencher as lacunas. Escritos entre os séculos II e IV, esses "textos ocultos", que se apresentam como revelações até então secretas, desenvolvem e explicitam os pontos que os Evangelhos não esclareceram. De espírito gnóstico, eles insistem no enfrentamento direto entre Cristo e o diabo, durante seu encontro nos infernos. Assim, na *Epistola apostolorum*, escrita entre 140 e 160 no Egito ou na Ásia, vemos Jesus descer ao limbo e batizar os justos e os profetas. O *Protoevangelho de Tiago*, redigido por volta de 150, o *Evangelho de Nicodemus* e o *Evangelho de Bartolomeu* desenvolvem o mesmo tema.

No século IV, os *Atos de Pilates* relatam em detalhes a descida de Cristo aos infernos, misturando curiosamente elementos gregos e cristãos. Na verdade, Satanás é apresentado como o senhor do local, mas é Hades que se ocupa dos mortos da Antiga Aliança. Satanás pede que Hades receba a alma de Cristo; Hades hesita, pois o poder de Cristo é considerável, e ele já lhe tirou diversas almas ressuscitando-as. Quando Cristo chega, Hades manda fechar as portas de bronze dos infernos; perda de tempo: Cristo entra, liberta todos os justos, domina Satanás, manda acorrentá-lo e o entrega a Hades.

Outros textos apócrifos retomam relatos gregos e orientais sobre a viagem das almas. Em *História de José, o carpinteiro*, a alma do morto, escoltada por demônios, tem de ultrapassar inúmeros obstáculos, que só pode vencer se levou uma vida pura. Mas são sobretudo os relatos de tipo apocalíptico que se estendem sobre o conteúdo das penas do inferno. A primeira descrição detalhada se encontra em *Apocalipse de Pedro*, redigido entre 125 e 150, provavelmente em Alexandria. A visão dos suplícios representará um protótipo reproduzido diversas vezes pelos artistas, até o fim da Idade Média:

> E vi também um outro lugar diante daquele, terrivelmente triste. Era um lugar de punição. Aqueles que eram punidos e os anjos que os puniam usavam vestes negras, tal como era o ar nesse local.
> Alguns daqueles que se encontravam ali estavam pendurados pela língua: os que haviam blasfemado contra o caminho da justiça; e debaixo deles havia um fogo que queimava e os atormentava.

Havia um grande lago cheio de lama ardente, onde se encontravam alguns homens que tinham se afastado da justiça; e anjos encarregados de atormentá-los se mantinham acima deles.

Outras ainda, mulheres, estavam penduradas pela cabeleira acima daquela lama incandescente: eram as que estavam prontas para o adultério.

Os homens que estavam unidos a elas na imundície do adultério estavam pendurados pelos pés, a cabeça caída na lama, e diziam: "Nunca achávamos que viríamos parar aqui".

Eu via os assassinos e seus cúmplices, jogados em um lugar estreito cheio de répteis malignos. Eles eram castigados por esses animais, e assim se contorciam nesse tormento. Eles estavam cobertos de vermes, como nuvens escuras. E as almas de suas vítimas estavam ali e contemplavam os tormentos desses assassinos dizendo: "Ó Deus, justo é teu juízo".

Bem perto dali, vi outro lugar estreito, para onde escorriam o pus e o mau cheiro daqueles que eram punidos, formando uma espécie de lago. Ali jaziam mulheres mergulhadas até o pescoço naquela matéria purulenta. Diante delas jazia um grande número de bebês prematuros, que choravam. Deles partiam jatos de fogo que atingiam os olhos das mulheres. Eram aquelas que tinham concebido fora do casamento e matado seus bebês.

Essa visão é retomada e amplificada entre 240 e 250 em outro texto egípcio, o *Apocalipse de Paulo*, ao qual Dante fará referência. Conduzido por um anjo, Paulo chega ao rio de fogo e assiste a todos os suplícios, que, segundo o anjo, perfazem um total de 144 mil. Alguns são tomados de empréstimo das mitologias orientais, que fornecem, por exemplo, a temática da ponte, de onde caem os pecadores; os impuros se afundam na água negra até o umbigo, e aqueles que se alegraram com os males dos outros, até as sobrancelhas; aqueles que prejudicaram os órfãos são queimados por um fogo de gelo; os usurários devoram a própria língua; mil almas estão penduradas em uma roda de fogo que gira mil vezes por dia, e por aí vai. Esses suplícios param uma vez por semana. Em outro apocalipse, o de Esdras, pela primeira vez um condenado é nomeado expressamente: Herodes.

A partir do século II, o inferno também é utilizado como um instrumento pastoral pelos apologistas, que já estão hábeis no manejo da arma do medo. Encontramos o primeiro testemunho disso em São Justino, no século II:

> Dir-se-á, talvez, como os supostos filósofos, que não passam de palavras ou de espantalhos o que nós dizemos a respeito do castigo dos pecadores no fogo eterno, e que nós queremos conduzir os homens à virtude pelo temor e não pelo amor do bem. Responderei com poucas palavras. Se isso não existe, Deus também não existe; ou então, se ele existe, não se preocupa com os homens; a virtude e o vício não são nada; os legisladores punem injustamente aqueles que transgridem suas boas prescrições.
>
> [...] Vocês encontrarão em nós, muito mais que em todos os outros, auxiliares e aliados em defesa da paz, pois professamos que ninguém pode escapar de Deus: o perverso, o avaro ou o pérfido tanto quanto o homem honesto, mas que cada um, segundo suas obras, receberá a punição ou a salvação eterna. Se todos os homens soubessem disso, ninguém iria querer, nem por um instante, cometer um crime, sabendo muito bem que ele incorre no suplício eterno do fogo, mas se conteria de todas as maneiras e se cobriria de virtudes, a fim de obter os bens prometidos por Deus e evitar os castigos (*Apologia*, 9).

Em *Octavius*, Minúcio Félix se esforça para mostrar, entre 200 e 245, a continuidade entre o inferno pagão da *Eneida* e o inferno cristão, apresentando o primeiro como um empréstimo feito à Bíblia. A pastoral do medo é retomada pela *Epístola a Diogneto*, por volta de 190-200, e, sobretudo, por Tertuliano. Para ele, as almas dos mortos estão no Hades, bons e maus separados, aguardando sua retribuição. Mas estes últimos já queimam, à espera de seus suplícios específicos e refinados, que começarão no fim do mundo. Tertuliano se alegra antecipadamente: "Eu é que rirei, [...] quando vir todos esses sábios, todos esses filósofos assando com seus discípulos, aos quais eles ensinaram que Deus não se preocupa com o mundo".

Esse pavor do fogo eterno também ajuda os mártires a suportar seu suplício, como demonstram os *Atos do martírio de São Policarpo*, morto em 156, o qual declara que a fogueira lhe parecia fria, pois lhe poupava de um fogo muito mais terrível.

O inferno popular se desenvolve espontaneamente e se enriquece muito rápido por meio de empréstimos das outras religiões, para preencher as lacunas da revelação e fornecer aos fiéis uma revanche sobre os poderosos, os ricos e aqueles que gozam a vida. São sobretudo os gananciosos, os avarentos, os fornicadores, os glutões, os preguiçosos e os orgulhosos que encontramos nesses infernos. Mas surge o temor de que esse imaginário desenfreado provoque abusos doutrinários. É por isso que os primeiros intelectuais cristãos, os Pais da Igreja, são levados a organizar e racionalizar o tema, a elaborar um inferno compatível com os dados das Escrituras. Eles irão dedicar muita energia nessa tarefa, sem conseguir resolver todos os problemas.

II. AS BASES DA DOUTRINA: OS PAIS DA IGREJA

Diversas interpretações se opõem. Uma das principais, desenvolvida sobretudo no grande centro cosmopolita de Alexandria, vê no inferno uma ideia simbólica e transitória. Para esse primeiro grupo de pensadores, a existência de um lugar de sofrimentos reais e eternos seria incompatível com a bondade divina. Desde o início do século III, Clemente de Alexandria qualifica o fogo do inferno como uma metáfora que designa o remorso dos condenados. Trata-se de um fogo espiritual que penetra na alma. Essa concepção é retomada por seu discípulo Orígenes, para quem o sofrimento do pecador vem do fato de que ele se instalou fora da harmonia universal criada por Deus, o que provoca nele um dilaceramento. Orígenes também pensa que esse inferno espiritual terminará. No fim dos tempos, toda a criação irá se encontrar no seio de Deus, em uma salvação universal: é a doutrina da apocatástase, que prevê a possibilidade de salvação até mesmo para o diabo e para os grandes pecadores: "Cabe a você, leitor, julgar se essa classe de criaturas será totalmente excluída da unidade e da harmonia finais, seja nos séculos limitados pelo tempo, seja nos séculos coexistentes na eternidade".

No século IV, Dídimo, o Cego, e Santo Ambrósio também se situam nessa perspectiva indulgente. Para Santo Ambrósio, só os apóstatas e os ímpios permanecerão no inferno por toda a eternidade. Os cristãos serão salvos pela fé e pelo batismo. Gregório de Nissa também retoma a apocatástase. Para ele, o inferno tem apenas um valor curativo, e não tem motivo de existir quando todos os perversos foram purificados de seu mal. Uma frase de *Oratio catechica* parece até implicar a salvação final do demônio: "Deus encarnado produziu tudo que acabou de ser dito, livrando o homem do vício e recuperando o próprio autor do vício".

No início do século V, São Jerônimo está muito hesitante e defende posições contraditórias, que não estão isentas de segundas intenções práticas. Assim, no *Comentário sobre a Epístola aos Efésios* ele sustenta a existência de um inferno bem concreto, com um fogo e vermes bem reais. Mas em 410, em *Comentários sobre Isaías*, ele se mostra favorável à concepção origenista, ao mesmo tempo que insinua que essa verdade certamente não deve ser divulgada entre o povo, que tem necessidade da ameaça de um inferno eterno para se manter no bem:

> Declaramos que devemos guardar silêncio sobre esse aspecto, a fim de manter no temor aqueles para os quais o temor é uma forma de escapar do pecado. Para nós, devemos deixar a Deus o cuidado de ver os limites que ele deve impor à sua misericórdia e também aos tormentos. Cabe a ele determinar quem, como e quando deve punir (*In Esaiam comment.*, XVIII).

A utilidade prática de um inferno físico e eterno, como ameaça de um castigo supremo para manter os fiéis no caminho reto, talvez seja o motivo principal do fracasso da corrente origenista. O medo do inferno será até o século XX o argumento final das autoridades eclesiásticas. Por outro lado, o triunfo da concepção rigorista também pode ser explicado pela influência do direito penal do baixo Império, que se endurece consideravelmente. É nessa época que escrevem os Pais da Igreja, que sofrem a influência das concepções judiciais burocráticas e formalistas de seu ambiente. A história do julgamento e das penas do além é estranhamente paralela à da justiça humana.

Com São Cipriano, no século III, que escrevia em meio às perseguições (será decapitado em 258), a ideia de inferno é mesmo considerada, com alguma alegria, como a grande vingança sobre os pagãos perseguidores, cujos sofrimentos aumentarão o regozijo dos eleitos:

> Como e quão grande será o dia do juízo! Então o Senhor começará a examinar seu povo, a reconhecer com a precisão do conhecimento divino os méritos de cada um, a enviar para a Geena os culpados e a condenar nossos perseguidores aos ardores eternos da chama vingadora, a nos pagar o salário de nossa fé e de nossa piedade [...] Quando vier essa manifestação, quando a glória de Deus brilhar sobre nós, estaremos felizes e alegres por sermos honrados pela bondade de Deus, enquanto continuarão acusados e miseráveis aqueles que, tendo abandonado Deus ou se revoltado contra

Deus, terão feito a vontade do diabo, tão bem que, necessariamente, eles estarão com o diabo, torturados pelo fogo inextinguível (Carta 58, 10).

Para Hipólito de Roma, Atanásio, Cirilo de Jerusalém e Cirilo de Alexandria, o inferno só começará no julgamento final; porém, enquanto isso, é possível que os condenados sejam posto de lado e que lhes mostrem os suplícios que os esperam. Eles discutem longamente sobre a natureza do fogo do inferno: é um fogo material, que age ao mesmo tempo sobre o corpo e a alma, que não tem necessidade de combustível e que recria os corpos à medida que os consome. Para Gregório de Nazianzo existem, na verdade, dois fogos: um que purifica, outro que castiga.

No século IV, João Crisóstomo apresenta uma concepção muito rigorista: o inferno é físico e eterno, e todos os pagãos, sem exceção, estão destinados a ele, pois, não tendo sido resgatados pelo batismo, só podem fazer o mal. Se eles fazem o bem, ou é por inclinação natural, e, portanto, eles não têm nenhum mérito, ou para se exibir, e, nesse caso, não passa de orgulho:

> Pois, se a promessa do céu e a ameaça da Geena mantêm com dificuldade os homens na virtude, aqueles que não creem em nada disso praticarão a virtude bem menos ainda. Se existem alguns que parecem praticá-la, eles agem para defender sua reputação; ora, toda vez que aquele que age para defender sua reputação estiver escondido, ele se entregará sem reservas a seus desejos perversos (*Primeiro sermão sobre São João*, XXVIII, 2).

Quanto ao fato de punir pela eternidade faltas momentâneas, nada mais normal: a justiça humana não pune faltas passageiras com penas perpétuas? No além, perpétuo significa eterno.

É Santo Agostinho que, no início do século V, formula em linhas gerais a concepção quase definitiva do inferno cristão. O prestígio de que ele irá usufruir de forma duradoura na história da Igreja confere a suas ideias uma importância especial. Ora, seus tratados são obras polêmicas que endurecem consideravelmente as características do inferno cristão. Em uma reação contra os ataques pagãos e as correntes condescendentes, ele elabora uma concepção muito rigorosa.

Segundo Santo Agostinho, são condenados ao inferno eterno todos os pagãos, vítimas do pecado original, todas as crianças mortas sem batismo, todos os cristãos que persistem no pecado. O inferno propriamente dito só começará no juízo final, mas, daqui até lá, os condenados já sofrem, como mostra a parábola de Lázaro e do rico avarento. Seus sofrimentos serão aumentados a partir do fim do mundo. O instrumento principal desses sofrimentos será o fogo, um fogo material que queima corpos e almas sem consumi-los. Santo Agostinho prevê um fogo purgatório provisório para os "não totalmente bons", e um fogo eterno menos intenso para os "não totalmente maus".

Portanto, no final do período dos Pais da Igreja existem duas concepções complementares do inferno. Uma concepção popular originária dos apocalipses e dos apócrifos, que será desenvolvida e enriquecida na Idade Média pelas visões monásticas, e uma concepção intelectual, na qual persistem inúmeras questões, que será explicitada e refinada pelos teólogos escolásticos.

III. O INFERNO DAS VISÕES MONÁSTICAS

A concepção tradicional do inferno cristão deve muito aos círculos monásticos, que imaginam a salvação de forma muito restritiva, reservando o céu a uma elite virtuosa e a condenação ao maior número possível. Desde as origens, a vida monástica, baseada em uma existência ascética diante da ameaça das forças do mal, desenvolve uma meditação sobre o inferno. A massa de monges, geralmente composta de mentes tacanhas, formada nas crenças populares e vivendo em um ambiente fechado, é dada às histórias maravilhosas e supersticiosas, nas quais o tentador, o diabo, desempenha um papel primordial.

Desde o século VI, Cesário de Arles, monge da abadia de Lérin que se tornou bispo de Arles, utiliza amplamente o medo do inferno em seus sermões, de uma maneira que alguns já consideravam abusiva. Ele se explica em uma de suas homilias:

> Eu vos peço, queridíssimos irmãos, e vos exorto com grande humildade: que ninguém dentre vós se irrite comigo ou talvez julgue inadequado ou inútil o fato de eu me esforçar em vos fazer entender, com tanta frequência, que o dia do juízo deve ser temido e objeto de um terror salutar [...]. Mas talvez alguém diga: "Por que ele nos prega sem parar coisas tão duras?". Porque é preferível sofrer aqui embaixo um pouco de amargor e alcançar depois a doçura eterna do que ter aqui uma falsa alegria e suportar lá um suplício sem fim.

É nos mosteiros que se conserva a tradição dos relatos de viagens aos infernos, sob a forma de visões incorporadas a crônicas históricas, a fim de lhes conferir mais autenticidade. É por isso que a *História eclesiástica da Inglaterra*, escrita no século VIII por Beda, o Venerável, monge anglo-saxão do mosteiro de Jarrow, compreende quatro visões do inferno: a de um monge irlandês, Fursy, cuja alma deixa o corpo e, guiada por um anjo, visita os infernos; a de Drycthelm, um homem de Northumberland, morto em uma noite e ressuscitado na manhã seguinte; a de um comandante do exército do rei da Mércia; a de um monge que não respeita a vida monástica. Cada história tem, é claro, um objetivo moral. Drycthelm, tendo chegado à beira de um poço, vê sair chamas enormes e feixes de faíscas, que são as almas dos condenados lançadas no ar.

Fiquei ali muito tempo, aterrorizado, sem saber o que fazer nem o que iria me acontecer, quando, subitamente, ouvi atrás de mim o som de um lamento atroz e desesperado, acompanhado de uma risada terrível, como se uma multidão zombasse dos inimigos acorrentados. Como o barulho aumentava e se aproximava, vi um grande número de espíritos maus puxando cinco almas humanas, que gritavam e gemiam, na direção da escuridão profunda, enquanto os demônios riam e exultavam. Vi no meio deles um homem – tonsurado como um clérigo –, um leigo e uma mulher. Os espíritos maus os arrastaram para o meio do poço em chamas e, como eles afundaram, logo deixei de diferenciar os lamentos dos homens e as risadas dos diabos, ouvindo apenas um ruído confuso (*A History of the English Church and People* [Uma história da Igreja e do povo ingleses], V, 12).

Dentre as visões da mesma época, citemos a de um religioso de Wenloch, contada por outro monge, São Bonifácio, e a do monge Sinniulf, relatada por Gregório de Tours. Encontramos sempre a temática da ponte que cruza a fornalha. As visões dos monges irlandeses são mais originais, e seus temas estão relacionados a um catolicismo há muito independente de Roma. Um dos relatos mais famosos, *A viagem de São Brandão*, que data certamente do século IX, conta como esse monge, depois de uma longa navegação, chega diante de uma ilha sinistra, feita de rochas calcinadas, de onde saem barulhos de fole de forja e de martelos. Acorrentado em uma ilhota está Judas, que aproveita o descanso semanal que vai do sábado à noite até o domingo depois das vésperas. Ele conta seus tormentos, cuidadosamente planejados:

Sou atormentado ali com Herodes e Pilatos, Ana e Caifás. Na segunda-feira, sou pregado na roda e giro como o vento. Na terça-feira, sou estendido sobre uma ponte levadiça e coberto de pedras: vejam como meu corpo está perfurado. Na quarta-feira, sou fervido no breu, onde fiquei negro como veem; depois sou trespassado e assado como um quarto de carne. Na quinta-feira, sou lançado em um abismo onde congelo, e não existe suplício pior que esse frio extremo. Na sexta-feira, sou esfolado, salgado e os demônios me enchem de cobre e de chumbo fundido. No sábado, sou jogado em um calabouço nojento onde o mau cheiro é tão grande que meu coração sairia pela boca não fosse o cobre que me fizeram beber. E, no domingo, fico aqui, onde me recupero.

A ideia do repouso semanal também se encontra na Itália, onde, no século XI, em Pozzuoli, todo sábado se assiste ao voo de horríveis pássaros negros, que são as almas dos condenados que vão descansar.

Com Gregório, o Grande – um monge que se tornou papa –, no início do século VII várias visões mais uma vez põem em cena a ponte, mas, nesse caso, ela atravessa um rio negro e fétido, fervilhando de demônios. A informação é obtida com um certo Estevão, enviado ao inferno por engano, e que Satanás mandou de volta para a Terra depois de ter constatado o mal-entendido.

As visões monásticas se multiplicam no século XII. Dentre as principais, a do beneditino Alberico de Settefrati, por volta de 1130. Tendo entrado em coma, ele é erguido por uma pomba e guiado nos infernos por São Pedro e dois anjos. Ali ele vê suplícios atrozes, adaptados às faltas cometidas: portanto, as mulheres que não alimentaram os filhos são suspensas pelos seios e aleitam serpentes. É também durante um coma que a alma de um nobre irlandês, Tungdal, visita o inferno na companhia de seu anjo da guarda. Essa visão particularmente pitoresca, redigida por volta de 1150 por um monge irlandês, irá inspirar muitos artistas, em particular os irmãos de Limbourg, que, no século XV, imortalizaram a imagem central em uma miniatura das *Riquíssimas horas do duque de Berry*: no fundo do inferno, amarrado a uma grelha e carvões em brasa, Satanás, gigantesco e peludo, se contorce de dor, esmagando a esmo com suas mil mãos grupos de condenados, e lançando outros a alturas prodigiosas com um sopro pestilento e ardente. A visão de Tungdal vai além da imaginação: um vale infernal está coberto de brasas e é encimado por uma cobertura ardente sobre a qual caem os parricidas e os fratricidas, que derretem, pingam pelas bordas como gordura, voltam em forma de vapor, se reconstituem e caem de novo; os impudicos são devorados em um lago congelado por um monstro com bico de ferro, que os digere e os rejeita em forma de excremento; serpentes nascem em suas entranhas e arrebentam sua pele para sair; em outro lugar, condenados são marcados com lâminas em brasa, esmagados e unidos a golpes de martelo.

Entre 1190 e 1210, um cisterciense inglês, H. de Saltrey, descreve *O purgatório de São Patrício*, cuja entrada é um buraco situado, pela tradição popular da época, em uma ilha do lago de Derg, local de peregrinação até hoje, apesar da resistência da Igreja. As visões infernais são tão numerosas que a partir de 1060 o monge Otlo de Santo Emerão faz uma compilação delas em seu *Livro das visões*. Em 1206, o monge Roger de Wendover, da abadia de Saint-Albans, relata a visão de um camponês da diocese de Londres, Thurchill. A maioria dessas narrativas se destina a repreender um defeito específico; outras preenchem uma função política, pondo no inferno os personagens antagônicos. Por exemplo, Carlos Martel é condenado nas visões do século IX por ter roubado os bens eclesiásticos.

IV. O INFERNO DOS TEÓLOGOS

Mais sério e comedido, o inferno teológico é uma construção racional baseada nas Escrituras, mas que sofre uma grande influência do direito e da filosofia. É nos séculos XII e XIII que os conceitos ficam mais claros. A dialética traz uma questão de precisão e de diferenciação; com Graciano e Pedro Lombardo, o direito canônico apura a análise dos casos individuais; o direito civil, desenvolvido pelos juristas a partir do modelo do direito romano, se torna mais claro e mais preciso. Ora, os teólogos, que elaboram a concepção de inferno, geralmente são formados em direito civil e direito canônico. Por volta de 1140, Graciano, em *Decreto*, classifica os homens em quatro categorias: os bons, os maus, os não inteiramente bons e os não inteiramente maus. Por volta de 1155, Pedro Lombardo, em *Quatro livros das sentenças*, diferencia graus de maldade e sugere penas infernais diferenciadas.

À imagem do rei, Deus é, antes de mais nada, o juiz. Essa função assume o primeiro lugar a partir do século XII, como provam as esculturas dos portais das catedrais e igrejas: Cristo *Judex* de Conques, entre 1130 e 1150, depois de Autun e de Saint-Denis. No século XIII, o cenário aumenta; o julgamento se torna um processo formal: os apóstolos e os anjos assistem, São Miguel pesa, São João e Maria intercedem. Em seus sermões, Juliano de Vézelay confere uma forma extremamente jurídica ao juízo final, com testemunhas, acusações e sentenças; as penas têm a natureza implacável das condenações pronunciadas nos tribunais feudais. Como nesses últimos, Deus é juiz e parte interessada, já que os pecados são ofensas cometidas contra ele.

No século XIII, os castigos se individualizam, e se confirma a diferença entre pecados veniais e pecados mortais, sendo que apenas estes últimos levam à condenação. O papel intercessor da Igreja se fortalece, já que a confissão, tornada obrigatória anualmente em 1215, e o sacramento da penitência absolvem os pecadores. A Igreja tem as chaves do inferno e do paraíso.

Embora não haja um catálogo de pecados mortais, alguns são considerados particularmente graves, em função da evolução cultural. Nos primeiros séculos, na época das perseguições, a apostasia é considerada passível de condenação. No tempo dos merovíngios, quando a Igreja procura instaurar uma ordem social mínima, os ataques a esta última são severamente condenados: Cesário de Arles considera pecados graves o homicídio, o roubo, a embriaguez, a cólera, o falso testemunho e o sacrilégio. Com o surgimento da cavalaria e do comércio, o orgulho e a ganância passam para o primeiro plano, e, sob a influência monástica, as visões do inferno se enchem de orgulhosos, gananciosos e impuros, isto é, as antíteses dos três votos monásticos da humildade, da pobreza e da castidade.

Entre as questões clássicas discutidas pelos teólogos se encontra a questão angustiante do número dos condenados. A tendência é bastante pessimista: "Existem poucos homens salvos", escreve Tomás de Aquino, e seu contemporâneo São Boaventura (1217-1274) pensa, utilizando uma frase inspirada no direito civil, que "existem mais reprovados do que eleitos, para que fique demonstrado que a salvação vem de uma graça especial, enquanto a condenação resulta da justiça ordinária".

A localização do inferno também é problemática. Se no início do século XII Honório de Autun, retomando a opinião de seu ilustre compatriota irlandês do século IX João Escoto Erígena, pensa que o inferno é, sem dúvida, espiritual e não poderia ser localizado fisicamente, essa opinião continua muito minoritária. A maioria dos autores situa o inferno nas profundezas da Terra, e procura sua entrada seja na Irlanda, seja, ao contrário, na Sicília ou no Sul da Itália, seguindo uma tradição baseada na autoridade de Gregório, o Grande. Em meados do século XII, Juliano de Vézelay declara que os condenados são chamados de "étnicos" por causa do Etna. Tomás de Aquino, cujo espírito racional fica em uma situação difícil devido a esse problema, escamoteia a questão ao escrever na *Suma teológica* que "os seres incorpóreos não estão em um lugar de acordo com o modo normal e experimental que dizemos que estar ali é uma propriedade dos corpos. Entretanto, eles estão ali de uma maneira que lhes é especial e da qual nos é impossível ter um conhecimento perfeito".

Quanto às penas que sofrem os condenados, elas dão origem a inúmeras especulações, nas quais os teólogos têm dificuldade de conter a imaginação. Uma das classificações mais famosas é a do *Elucidarium*, de Honório de Autun, que imagina nove penas: o fogo, o frio, serpentes enormes, o mau cheiro, os barulhos ensurdecedores, as trevas tão espessas que podemos tocá-las, a vergonha, a visão de cabeças monstruosas de demônios, as correntes de ferro unindo os condenados. Por trás dessas listas, o que se vê é a preocupação de evocar o sofrimento em estado puro, tocando os cinco sentidos e a consciência.

A tentativa mais completa de racionalização do inferno é, sem dúvida, a de Tomás de Aquino no século XIII. No entanto, é visível o constrangimento do dominicano em relação a vários aspectos, como o da localização, que acabamos de evocar. Aliás, é de forma dispersa que ele aborda a questão do inferno na *Suma contra os gentios* (1263-1264), no tratado *Sobre o mal* (1266-1267) e na *Suma teológica* (deixada inacabada em 1274).

Tomás de Aquino mostra seu desprezo pelas visões e outras narrativas de regressados dos infernos. Só a razão, baseada na Escritura, pode nos comunicar a natureza desses lugares, e o teólogo se esforça em responder a todas as questões importantes que eles levantam: quando? Onde? Como? Por quem? Por quanto tempo? E, por último, a pergunta incômoda: por quê?

Quando? Depois da morte, como resultado do julgamento específico; o juízo final é relegado à categoria de cerimônia oficial de publicação dos resultados. Onde? "Como em um lugar" (*quasi in loco*). Como? Os condenados sofrem dois tormentos: a pena do desgosto e a pena dos sentidos. A primeira, puramente espiritual, é inimaginável, mas terrível: é a consciência de estar separado de Deus para sempre; a segunda tem por instrumento o fogo, um fogo criado especialmente por Deus para queimar ao mesmo tempo corpos e almas. Quanto aos diferentes suplícios a que se referem os textos, eles devem ser tomados no sentido espiritual. Por quem? Por todos aqueles que morrem em estado de pecado mortal. Aqueles que morrem sem ser batizados, crianças e pagãos, tendo como única mácula o pecado original, vão para o limbo, onde sofrem apenas a pena do desgosto.

Por quanto tempo? Por toda a eternidade, o que leva necessariamente à última pergunta: por quê? Ou, em termos mais precisos: como um Deus infinitamente bom pode condenar sua própria criatura aos sofrimentos eternos? Tomás de Aquino multiplica as justificações, e essa acumulação é, nela mesma, reveladora de seu constrangimento. Os motivos apresentados são, na verdade, de natureza meramente lógica, de uma lógica fria e abstrata, incapazes de responder a uma pergunta que não é de natureza racional, mas sentimental. Amor infinito de um lado, lógica formal do outro: perguntas e respostas não estão no mesmo plano, e as respostas escolásticas de Tomás de Aquino jamais convencerão os adversários do inferno. No entanto, elas são numerosas: o pecado mortal subverte o próprio princípio da ordem universal, uma falta irreparável cuja sanção só pode ser eterna; colocar-se em estado de pecado mortal é se pôr deliberadamente em uma situação da qual não se consegue sair com as próprias forças; é situar a criatura acima do criador, ato absoluto, escolha definitiva que prosseguiria eternamente se a criatura vivesse eternamente, e que, portanto, deve ser punida eternamente; a pena é proporcional à dignidade da pessoa ofendida: ofender o Deus infinito merece uma pena infinita; a criatura, finita, não pode sofrer com uma intensidade infinita, por isso é preciso compensar por meio da duração.

Dessas especulações, o dogma, isto é, a apresentação oficial da fé, só retém o essencial, com prudência e atraso. É em um

Credo do século IV, a *Fides Damasi*, que os "suplícios eternos" são mencionados pela primeira vez, e em 543 o Concílio de Constantinopla declara anátema a doutrina da apocatástase.

É preciso esperar 1201 para que o papa Inocêncio III afirme a existência das penas do desgosto e dos sentidos, enquanto os concílios de Latrão, em 1215, e de Lyon, em 1274, se pronunciam a respeito da eternidade das penas. Por fim, o Concílio de Florença, em 1439, anuncia oficialmente o que os teólogos já ensinavam havia muito tempo:

> A Santa Igreja Romana acredita firmemente, confessa e anuncia que ninguém, fora da Igreja Católica, nem pagão, nem judeu, nem descrente, nem qualquer um que está separado da unidade, participará da vida eterna; pelo contrário, ele cairá no fogo eterno, preparado pelo diabo e seus anjos, caso não se reúna a ela antes de morrer.

Portanto, o inferno cristão oficial está bem estabelecido. Mas já suscita imitações, contestações e nuances.

– 6 –

OS DERIVADOS DO INFERNO CRISTÃO

Bem elaborado, senão perfeitamente definido, o inferno cristão é, na Idade Média, o protótipo, o modelo obrigatório que se impõe à consciência individual e aos fundadores de religiões. A partir do século VII, o Corão e a tradição muçulmana se inspiram amplamente nele, mas retendo sobretudo os aspectos populares, e se mostrando muito relutantes no que diz respeito ao problema fundamental da eternidade. No âmbito do cristianismo, os movimentos heréticos contestam, de maneira mais ou menos radical, o inferno oficial, que aumenta, a partir do século XIII, com o surgimento de uma sucursal temporária, o purgatório.

I. O INFERNO MUÇULMANO: O JULGAMENTO

O Corão contém uma doutrina a respeito do inferno bastante elaborada, onde se mesclam os elementos da mitologia do Oriente Médio e as crenças judaicas e cristãs. Enquanto o Novo Testamento era muito vago sobre esse tema, o que provoca inúmeras inconsistências na doutrina cristã, a doutrina corânica, simples, concreta e precisa, favorece uma fé consensual sólida. Mas as frases muito vívidas do Profeta serão depois motivo de constrangimento, quando os teólogos precisarem elaborar uma interpretação alegórica. Como nas outras religiões, as imagens simbólicas são sempre ambíguas: destinadas a sugerir o inexprimível, elas se tornam muitas vezes uma tela, sob o efeito da interpretação literal. Na medida em que o Corão utiliza imagens precisas, sua interpretação simbólica pelos teólogos liberais levanta questões muito delicadas, ainda mais por vir se somar a ela uma longa tradição de *hadîth* (palavra do Profeta), de sermões (*gâss*), de comentários (*tafsîr*) e de textos apócrifos.

As grandes linhas do destino individual são estabelecidas assim: depois da morte, a alma do defunto, a *nafs*, é interrogada por dois anjos ameaçadores, Nakir e Munkar, a respeito de suas crenças. Se ela não conseguir recitar a *shahâda*, a profissão de fé, ela é maltratada; mostram-lhe seu futuro lugar no inferno, e sua estadia no túmulo, cujas paredes se aproximam como se fossem esmagá-la, é opressiva e angustiante: é "a prova dos túmulos". No fim do mundo, é a ressurreição geral, ao som da trombeta do anjo Isrâfil. Todos os homens são reunidos em uma imensa esplanada, onde faz um calor insuportável. Depois de uma espera que pode durar quarenta anos, cada um é julgado publicamente por Alá, depois da consulta a um livreto individual no qual estão registrados todos os atos da vida e a prova da balança: em um prato, todos os manuscritos onde estão inscritos os pecados; no outro, um simples pedaço de papel, onde está escrita a *shahâda*, pode favorecer a decisão. Portanto, o crente é descaradamente beneficiado. Mesmo se for condenado, ele sempre pode contar com a graça de Alá, se fizer parte dos *fasîq*, uma categoria muito mal definida, que o Corão situa na crista entre o paraíso e o inferno. Alguns textos também se referem a uma ponte, fina como um fio de cabelo e afiada como um sabre: a ponte *Sirât*, que os maus, agarrados pelos demônios, não conseguem atravessar.

II. O INFERNO MUÇULMANO: AS PENAS

Os condenados são atirados no inferno pelos demônios. Esse local, onde reina Malik, tem uma estrutura clássica na qual o número 7 e seus múltiplos são essenciais: sete portas e sete andares, em que o calor é a cada vez multiplicado por setenta à medida que se desce. O conjunto seria puxado por 70 mil anjos. Na entrada, Malik faz a chamada setenta vezes. Os nomes do inferno variam, e os mais comuns são *an-râr* (o fogo), *sagar* (a fornalha), *djanannam* (um derivado de *Ge-hinnom*, a Geena).

O principal tormento é o fogo, e os pecados mais graves são punidos nos andares inferiores. Como no cristianismo, a tradição multiplicou os suplícios: argolas de fogo, túnicas de betume em chamas, chinelos de ferro incandescente, esquifes de metal aquecido em ponto de brasa, carvões ardentes debaixo da planta dos pés, que fervem os miolos, dragões com garras de fogo, oceano de fogo cheio de escorpiões gigantes dos quais cada picada queima horrivelmente durante dez anos.

O conjunto é gigantesco: uma pedra lançada do andar superior levaria setenta anos para chegar ao fundo. Tudo ali é desmesuradamente estendido no tempo e no espaço: os corpos dos condenados são dilatados para oferecer uma superfície maior a todo tipo de suplício, e cada ação dura séculos, enquanto no paraíso o tempo é contraído. Os condenados também podem ver os eleitos e invejar seus prazeres. Por outro lado, a pena do desgosto não é mencionada.

Quanto à questão da duração, ela não é determinada com clareza. A eternidade infernal é designada no Corão pelo termo *ahqâb*, que na verdade significa período de setenta anos, mas, no plural, essa palavra pode ser o equivalente a eternidade. Por outro lado, o versículo 11:7 permite esperar um fim: o inferno durará "eternamente, enquanto durarem os céus e a Terra, com exceção daquilo que teu senhor quiser, pois teu senhor faz tudo que quer".

Ao contrário do cristianismo, o futuro não é, portanto, determinado de antemão, e, evidentemente, cada um tem sua ideia sobre o resultado final: a escola de Ibn Safwân afirma que o inferno será destruído um dia, como toda realidade criada, e que Alá recuperará então sua solidão absoluta, enquanto outros se inclinam para os sofrimentos eternos.

III. OS HEREGES E O INFERNO

No cristianismo medieval, a crença no inferno se deparou com uma resistência permanente nos círculos heréticos, sobretudo entre os maniqueístas e os cátaros.

Essa corrente vem da grande família gnóstica, que não é um simples desvio do cristianismo, mas tem suas próprias origens, nos confins do pensamento greco-persa e dos cultos de mistério dos primeiros séculos de nossa era. A concepção gnóstica se baseia no dualismo mente-corpo e bem-mal, sendo que os dois campos são dirigidos por uma divindade de igual poder. O deus bom criou o mundo espiritual; o deus mau, o mundo material, no qual a alma está presa. Por essa razão, o inferno é a vida presente, é o fato de a alma estar presa no mundo, de estar acorrentada a um corpo, tendo como perspectiva a reencarnação. Essa concepção se junta finalmente à de Lucrécio e à sua angústia existencial. O mundo é um lugar de confusão absurda, sujeito a leis naturais más, no qual cada instante destrói o precedente, em uma marcha inevitável para a morte.

Os maniqueístas, que tiveram origem no movimento gnóstico no século III, descrevem este mundo infernal como o "mundo das trevas", regido por poderes malévolos, gerador de angústia infernal. Um de seus hinos implora ao deus do espírito:

> Que possas me livrar deste vazio profundo,
> do abismo tenebroso que é pura consumição,
> que nada mais é que torturas, feridas até a morte,
> e onde não se encontra nem socorro nem amigo!
>
> Nunca, jamais, se encontra ali a salvação.
> Tudo está tomado pelas trevas [...],
>
> tudo está cheio de prisões; não se encontra nenhuma saída,
> e se ferem com golpes todos que ali chegam
>
> Árido de secura, queimado pelo vento tórrido,
> nenhuma vegetação jamais se encontra ali.
> Quem me livrará de tudo que fere,
> E me salvará da angústia infernal?

Para os gnósticos, a salvação se baseia em uma iniciação ao verdadeiro conhecimento, que revela a cada um sua natureza superior. Para Mani, no fim do mundo todo elemento material será trancado em um globo pela eternidade, junto com as almas que não foram purificadas. Para os ebionitas, outra corrente gnóstica, os maus serão simplesmente exterminados.

Os cátaros e albigenses, herdeiros desses ambientes, têm concepções bastante variáveis do inferno. O grande inquérito do inquisidor Jacques Fournier no início do século XIV, em Montaillou, mostra que nessa região do sudoeste da França as pessoas acreditam que as almas, depois da morte, vagam por algum tempo e depois vão para um lugar de repouso. No fim do mundo, todos serão salvos; o inferno só existe para os demônios, para Judas e, segundo alguns, para os judeus. Para os crentes, o inferno é o fato de a alma estar aprisionada dentro de um corpo. No fim do mundo, a salvação será universal. Haverá uma conflagração geral, por meio da fusão dos quatro elementos, na qual o mal desaparecerá.

Segundo uma obra anônima de 1250, os cátaros italianos negam completamente a existência de um inferno tradicional, pela simples razão de que, como o mundo foi criado por Lúcifer, ele não teria previsto um lugar de torturas para si mesmo e os seus. Enfim, de tempos em tempos, comentários de pregadores vislumbram a existência de céticos. Segundo Juliano de Vézelay, no século XII alguns cristãos ainda negam a existência do inferno; observação confirmada no século XIV por um ermitão inglês, Richard Rolle. Mas mais ainda que o inferno, o purgatório é objeto de críticas variadas.

IV. A CRIAÇÃO DO PURGATÓRIO

Jacques Le Goff localizou, em um livro famoso, as origens da ideia de purgatório, incipiente desde a época dos Pais da Igreja. De fato, a dicotomia inferno-paraíso parece demasiado brutal e radical para alguns. Embora não mereça o inferno, a maioria dos crentes não está em condição, na hora da morte, de usufruir de imediato da bênção dos eleitos, que exige uma pureza absoluta. Daí a ideia de um tempo de purificação, de "purgação" dos pecados veniais, por meio de um "fogo purgatório", diferente do fogo do inferno, que também aparece nas visões monásticas como o *Purgatório de São Patrício*.

Para alguns, o purgatório corresponde ao inferno superior, que encontrávamos com tanta frequência nas concepções pagãs dos mundos infernais em andares. Para outros, o purgatório corresponde à expressão bíblica do "seio de Abraão", lugar de repouso e espera onde ficavam os justos mortos antes da vinda de Cristo. Como eles agora se encontram no paraíso, o lugar está livre para uma nova utilização.

A ideia se impõe gradualmente, e recebe um impulso suplementar com o progresso do direito, evocado anteriormente, com a exigência de proporcionalidade entre os delitos e as penas e a ascensão dos círculos burgueses comerciantes a partir do século XI: o livro de nossas ações boas e más se parece cada vez mais com um livro contábil. No final do século XII, o sistema é bem resumido por Raul Ardent:

> Aqueles que são completamente bons, depois da morte passam imediatamente ao repouso, e não precisam de nossas preces e oferendas, somos nós que nos beneficiamos das deles. Aqueles que são medianamente bons e se comprometem com uma confissão e uma penitência verdadeira; como eles ainda não estão completamente expurgados, são purgados nos espaços purgatórios, e, quanto a eles, sem nenhuma dúvida as preces, as esmolas e as missas são proveitosas. Não é por méritos novos depois da morte que eles conseguem o benefício, mas como consequência de seus méritos anteriores. Aqueles que estão completamente condenados não mereceram se beneficiar dessas vantagens. Mas nós, irmãos, que ignoramos quem tem necessidade e quem não tem, a quem isso pode beneficiar e a quem não pode, devemos oferece preces, esmolas e missas por todos, inclusive por aqueles de quem não temos certeza. Para os completamente bons são ações de graças, para os medianamente bons, expiações, para os reprovados, espécies de consolo para os vivos. Enfim, que isso seja vantajoso ou não para aqueles pelos quais essas oferendas são feitas, em todo caso elas

podem ser vantajosas para aqueles que as fazem com devoção [...].
Por isso, aquele que ora pelo próximo trabalha por si mesmo. (*Patrologia latina*, t. 155, col. 1485).

No início do século XIII, Inocêncio III, em um sermão no Dia de Todos os Santos, oficializa a existência de um lugar de purificação para os pecadores não condenados, e em 1274 o Concílio de Lyon apresenta sua formulação doutrinária.

O surgimento do purgatório reforça consideravelmente o poder da Igreja como intermediária entre Deus e os homens, por meio do sistema de indulgências. As penas do purgatório podem ser reduzidas através de preces e da celebração de missas, que são pagas de acordo com um tabelamento rigoroso. O purgatório se torna rapidamente objeto de negociata, em um circuito comercial lucrativo para o clero. Os comerciantes, em particular, põem em prática o conselho de São Lucas: "Das riquezas de origem iníqua fazei amigos; para que, quando aquelas vos faltarem, esses amigos vos recebam nos tabernáculos eternos" (16: 9).

Esse fortalecimento do poder da Igreja e a exploração financeira de uma realidade espiritual são alguns dos motivos da oposição feroz dos movimentos heréticos ao purgatório. Encontramos indícios dessa oposição em Arras a partir do século XI. Em 1134, um certo Henri, discípulo de Pedro de Bruys, é detido por ter negado a existência do purgatório, e alguns anos mais tarde São Bernardo ataca esses "animais pérfidos", esses "caipiras analfabetos" que contestam o purgatório. No final do século, os valdenses são atacados por Bernardo de Fontcaude pelos mesmos motivos. No século XIV, no Norte da Itália, encontramos oposições semelhantes, e sabemos que o caso das indulgências teve um papel decisivo na eclosão da Reforma no século XVI.

A temática do inferno e de todos os seus derivados também é objeto de exploração em outras esferas.

– 7 –

OS USOS DO INFERNO DA
IDADE MÉDIA AO SÉCULO XVI

O inferno se presta muito mais que o paraíso a uma exploração pelo imaginário humano. Do mesmo modo que é evidente o constrangimento de artistas, moralistas e pregadores quando se trata de evocar as alegrias eternas que os espíritos puros podem usufruir, eles também são prolixos e criativos para descrever os sofrimentos. É que, no caso do paraíso, todo prazer considerado carnal demais é julgado inconveniente e fora de propósito, o que limita consideravelmente as possibilidades. As delícias dos eleitos muitas vezes dão a impressão de um tédio mortal, e, a despeito dos esforços dos pregadores, a visão beatífica é muito soporífera.

A vantagem do inferno é que todos os excessos da imaginação são permitidos, já que todos os suplícios descritos não passam de imagens, sempre inferiores à realidade, destinadas a sugerir um sofrimento em si mesmo inimaginável. É o que declara no início do século XVIII Vincent Houdry, em um manual de conselhos sobre a maneira de escrever os sermões, *A biblioteca dos pregadores*: "Aliás, não é necessário advertir que o exagero que o orador cristão deve evitar de todas as formas possíveis não deve ser temido neste caso; já que o espírito humano não é capaz nem de conceber a dimensão das penas do inferno".

Portanto, artistas, escritores e pregadores têm toda a permissão de apresentar o quadro mais tenebroso possível dos tormentos do além, tendo como único objetivo inspirar um pavor salutar do inferno. Salvar as almas inspirando-lhes o medo da condenação: a pretexto desse propósito meritório, a pastoral do medo legitima todos os excessos, das explosões sádicas da literatura popular às angústias perturbadoras dos místicos, embora ela também tenha possibilitado a realização de algumas obras-primas do espírito humano.

I. O INFERNO DOS ARTISTAS

Os escultores são os primeiros a apresentar aos fiéis os horrores do além infernal, no contexto do juízo final. O século XII, que assiste à implantação dos elementos fundamentais da doutrina, além da formação das principais visões monásticas, exibe nos tímpanos do Ocidente as cenas majestosas da separação dos eleitos e dos condenados, na qual estes últimos são arrastados para a boca monstruosa do inferno por uma hoste de diabos e animais fantásticos, como em Beaulieu, Conques, Corbeil, Saint-Denis, Laon, Chartres, Paris.

Ainda muito sóbria na maioria dos casos, a cena ganha força no século XIII, quando os suplícios ficam mais definidos e individualizados. Tanto em Autun como em Reims, os artistas ficam mais extravagantes e tomam liberdades com a tradição: o tema da balança aparece e o próprio diabo se apoia no prato do mal; os condenados são identificados pelo símbolo de seu pecado, como a bolsa presa no pescoço dos avarentos; em Bourges, os demônios avivam o fogo e há sapos pendurados nos seios das mulheres.

O mundo infernal se torna intrusivo no final da Idade Média, do século XIV ao século XVI, parecendo às vezes transbordar para a Terra, naquele período de catástrofes e agitações marcado por guerras, pestes, fome, revoltas, manifestações de satanismo, contestações sociais e religiosas. Nas miniaturas dos manuscritos, as cenas de suplício, inspiradas nas visões monásticas, atingem alto grau de precisão documental. Os textos irlandeses, os mais pitorescos, são a fonte de inspiração do inferno das *Riquíssimas horas do duque de Berry*, por volta de 1420, enquanto Vérard, no capítulo dedicado às penas do inferno da *Arte de bem viver e de bem morrer*, em 1492, reproduz as cenas do *Apocalipse de São Paulo* nas quais os pecados capitais recebem um castigo adequado: serpentes e sapos devoram o sexo dos luxuriosos; os gulosos comem seus próprios membros; os orgulhosos sofrem o suplício da roda, símbolo das mudanças de sorte; os coléricos são cortados em pedaços que, em seguida, são soldados juntos; os avarentos são mergulhados em metal derretido e enfiados no espeto por Mamon; os preguiçosos são engolidos e vomitados por monstros alados; os invejosos, mergulhados ora em um rio gelado, ora em um lago de fogo, invejam eternamente a sorte contrária.

Essa visão, amplamente difundida pelo *Calendário dos pastores*, é reproduzida por volta de 1500 em proporções enormes e com uma criatividade alucinante e assustadora no grande afresco da catedral de Albi. Na mesma época, a escultura extravagante refina suas representações, de acordo com as mesmas fontes de inspiração: condenados presos na roda em Saint-Maclou de Rouen, cena que reencontramos por volta de 1470 na catedral de Nantes, onde os demônios soldam os corpos dos pecadores uns nos outros. Na Bretanha, foi possível identificar mais de cinquenta representações do inferno nas igrejas e nas capelas dos séculos XV-XVI, tratadas por vezes com alguma verve, como em Kernascléden, em 1460-1464.

Essas cenas, que se tornam, apesar de tudo, estereótipos no final da Idade Média, são renovadas e transfiguradas pela arte magnífica do Renascimento. Na Itália, a partir de meados do século XIV, Orcagna se inspira na visão grandiosa de Dante, cujos elementos Fra Angelico, Paolo di Neri e Botticelli também utilizarão mais tarde. Com Signorelli e, sobretudo, Michelangelo, a cena da condenação, ao mesmo tempo que recupera elementos mitológicos como a barca da Caronte, assume dimensões tragicamente terrenas.

Esse aspecto fica ainda mais nítido entre os flamengos. Se as composições de Van Eyck ou de Memling, embora muito originais, que mostram o entrelaçamento de multidões de corpos lívidos e magros, lançados na montanha de fogo ou devorados pela boca da fornalha situada entre as pernas excessivamente abertas de um esqueleto, estão na linha das miniaturas, os quadros de Hieronymus Bosch mostram a transposição do inferno na Terra. Não se trata mais aqui de uma temática religiosa. O inferno se torna a condição humana, sob forma alucinada no tríptico *Jardim das delícias*, de Hyeronymus Bosch, e sob forma mais realista com as paisagens sinistras cheias de doentes repugnantes, permeadas de incêndios e cenas de massacres nos Bruegel, um dos quais mereceu de Bruegel a alcunha do "inferno".

De maneira curiosa, as cenas do inferno desaparecem do cenário artístico a partir do século XVII, quando os condenados de Rubens são uma das últimas representações do gênero. É que a Igreja da Reforma católica tenta então pôr ordem nesse excesso de visões. Doravante, a verdade doutrinária deve ser o critério fundamental, e é importante pôr fim à confusão de gêneros: excluir os elementos mitológicos pagãos e reposicionar o inferno no além. O ideal de ordem e de composição clássicas, que representam a ordem divina que deve prevalecer na Terra, não combina com as visões diabólicas indecentes do século XVI. O inferno desaparece das representações no momento em que cessam os fenômenos de bruxaria e sua repressão.

II. O INFERNO, TEMA LITERÁRIO

O inferno é o tema central de uma das maiores obras literárias da Idade Média, *A divina comédia*, cuja composição está situada, com uma margem de incerteza, entre 1308 e 1320. Sim, a visão infernal constitui apenas um terço da obra, mas ela é sua parte mais significativa, aquela que marcou o todo para a posteridade: uma "visão dantesca" é sempre uma visão infernal.

Dante retoma a tradição da viagem ao inferno e lhe confere, por meio de sua genialidade, uma dimensão incomparável, cuja força vem da fusão entre o imaginário assustador, o rigor intelectual lógico, o simbolismo revelador e o rigor doutrinário. O horror do mundo dantesco se baseia no equilíbrio entre esses componentes, com o implacável rigor lógico, simbólico e doutrinário conferindo aos suplícios uma verossimilhança terrível. Ao lado das visões monásticas caóticas, um tanto malucas e pouco plausíveis, estamos diante de uma construção intelectual coerente, à imagem da *Suma teológica* de Tomás de Aquino, da qual ela utiliza a preocupação com a classificação, a subdivisão e o rigor. O chocante no inferno de Dante é que os suplícios estão de tal forma sutilmente adaptados aos pecados que não podemos deixar de nos perguntar, com grande emoção: por que não?

Guiado por Virgílio, um especialista, Dante penetra de início na antessala dos infernos, onde se encontra a multidão de covardes e indecisos, de tíbios, daqueles que nunca tiveram a coragem de escolher seu lado: eles andam em círculos pela eternidade, atrás de um estandarte, aguilhoados por picadas de vespas, sem objetivo. Depois entramos no alto inferno, fora dos muros da cidade de Dis, onde se encontram, em cinco círculos, os pecadores por incontinência. No primeiro círculo, que constitui o limbo, todos aqueles que não foram batizados. Eles não sofrem, mas aspiram à felicidade sem conseguir alcançá-la. Estão ali, além dos bebês, todas as celebridades da Antiguidade pagã, de Homero a Euclides e de Platão a Horácio. Depois, por ordem de gravidade, encontramos o círculo dos luxuriosos, o dos gulosos, o dos avarentos e pródigos, e o dos coléricos.

É então que atravessamos o pântano de Styx e penetramos no inferno interior, a cidade de Dis, onde estão presos todos os pecadores "ativos", em quatro círculos subdivididos em sub-regiões. Círculo dos hereges; círculo dos violentos, isto é, daqueles que prejudicaram os outros por meio da força: violentos contra o próximo, contra si mesmos (suicidas), contra Deus (blasfemadores), contra a natureza (sodomitas) e contra a arte (usurários).

Depois de atravessar a Grande Barreira, chegamos ao oitavo círculo, o dos fraudadores, daqueles que enganaram pessoas que não lhes haviam dado expressamente sua confiança: sedutores, adúlteros, simoníacos, adivinhos, traficantes, hipócritas, conselheiros pérfidos, semeadores de discórdia e falsificadores. Cada uma dessas categorias está alojada em uma *bolgia*, ou fossa concêntrica.

No nono círculo, dos traidores, além da região dos gigantes, chegamos àqueles que prejudicaram pessoas que lhes haviam dado sua confiança: traidores de seus pais (subdivisão de Caim), de sua pátria (subdivisão de Antenor), de seu anfitrião (subdivisão de Ptolomeu), de seus benfeitores (subdivisão de Judas).

Por fim, no centro da Terra, no coração do inferno, constituído pelo próprio Lúcifer, gigantesco, que despedaça durante toda a eternidade Judas Iscariotes, o traidor e condenado por excelência. O conjunto do inferno forma um enorme funil que ocupa um hemisfério inteiro e converge para o umbigo de Lúcifer. A estrutura em círculos cada vez mais profundos, correspondendo a pecados cada vez mais graves e enraizados na alma, é, em si mesma, simbólica.

Os condenados têm, na verdade, a sorte que escolheram e que corresponde à natureza profunda de seus atos. É isso que faz a verossimilhança terrível. Assim, os coléricos, que se digladiam a dentadas, tinham rejeitado a compaixão durante a vida: agora é impossível se compadecer deles; os ladrões, que despojavam os outros de seus bens, agora são despojados de sua personalidade, se metamorfoseando sem parar, e não passam de sombras mordidas por cobras.

O fogo só está presente nos últimos círculos, mas a pior situação é no nono círculo, onde os traidores estão presos no gelo do Cócito congelado. Só a cabeça fica de fora, arroxeada, que vive apenas em um olhar terrível; essas criaturas estão paralisadas, estáticas em um eterno silêncio de morte, como o pecado tinha paralisado seu coração. Quando Dante as interroga, o frio as impede de articular uma resposta, e as lágrimas congelam em seus olhos.

Estão ali inúmeros personagens históricos, entre os quais diversos papas, como Celestino V, entre os covardes, e Nicolau III, entre os simoníacos. Maomé não está entre os hereges, mas entre os semeadores de discórdia, eternamente dividido em dois por um demônio:

> Qual um barril desfeito em arcos, assim se achava um pecador, bem no fundo. O corpo todo aberto se lhe via, do queixo ao reto. Entre as pernas, as entranhas; exibidos os pulmões e o feio saco onde o alimento se torna excremento. Contemplava-o, tomado de

horror, quando ele gritou, abrindo mais o esfacelado seio: "Repara como tenho lacerado o peito! Vê quão estropiado ficou Maomé". Precede-me na marcha e nos lamentos Ali, que traz desfeito o rosto, do mento à testa. E todos os mais que por aqui percebes foram em vida semeadores de cismas e de escândalos. Somos perseguidos por um demônio cruel, que nos mutila sem descanso. Ao fim de giro completo dessa dolorosa estrada, as feridas se fecham antes que se volte a defrontá-lo (XXVIII, 22, 42).

A partir do século XV, a temática do inferno é tratada de maneira mais ambígua. Já em 1420, *O paraíso da rainha Sibila* é apresentado como um lugar de natureza questionável. Usufruem-se ali de prazeres proibidos, da carne, sem sofrimento e com toda a imoralidade. Paraíso e inferno se confundem em uma realidade perturbada com toques modernos. Um pouco mais tarde, Villon arrisca uma brincadeira a propósito da estadia nos infernos dos justos do Antigo Testamento, que, diz ele, "segundo minha concepção, nunca se viram em maus lençóis". Mas o enforcado em potencial da *Balada* está com muito medo e implora a Cristo: "Cuide para que o inferno não tenha autoridade sobre nós".

No início do século seguinte, Jean Lamaire des Belges também desce aos infernos, nas *Epístolas dos amantes verdes*, mas são os infernos da mitologia greco-romana. Quanto a Rabelais, ele elabora uma paródia burlesca dessas viagens no além no capítulo XXX de *Pantagruel*. Epistemon, ressuscitado graças às virtudes do pó de diamerdis de seu amigo Panúrgio, conta o que viu: um inferno perfeitamente habitável, onde os diabos são "bons companheiros" comandados por um Lúcifer bastante afável. Todos levam ali uma vidinha tranquila, com um papel inverso ao que tiveram na Terra: Diógenes, que vive luxuosamente, é servido por Alexandre; o rico Epiteto se diverte com as moças; Ciro mendiga; Villon vai ao mercado e urina na banheira de Xerxes, que vende sua mostarda caro demais. César e Pompeia são calafetadores de navios, e Cleópatra, vendedora de cebola. Impertinência e gracejos, é claro, mas reveladores de um novo ambiente. "A irreverência já faz caretas por baixo da bonomia", observa Francis Rapp.

Com efeito, na mesma época Erasmo nega qualquer veracidade às penas do inferno, e escreve que este último consiste "na angústia eterna que acompanha o hábito de pecar", o que preocupa muito a Sorbonne, a qual exige em 1526 que o humanista confirme sua crença em um fogo eterno. No entanto, a ideia ganha terreno, sendo retomada em 1542 pelo dominicano Ambroise Catharin, enquanto no final do século Jean Bodin declara, no *Colloque des secrets cachés* [Colóquio dos segredos ocultos], "que, se a misericórdia de Deus é maior, sua severidade não durará para sempre".

Trata-se ainda de reflexões de intelectuais atípicos. No entanto, mesmo no nível dos crentes comuns, os pregadores começam a perceber que o medo do inferno não é mais o que era.

III. O INFERNO A SERVIÇO DA PASTORAL DO MEDO

Durante muito tempo, os fiéis da Igreja Católica tenderam a reservar o inferno para os pagãos, os infiéis e os hereges. Só muito gradativamente, sob o efeito específico da pregação monástica, é que a certeza da salvação para todos os cristãos é abalada e dá lugar a uma inquietação surda, cujos primeiros sinais aparecem no século VII, na liturgia visigoda. O *missal de Bobbio*, do século VIII, contém uma oração pelo morto, para que ele "escape do lugar do castigo, do fogo da Geena, das chamas do tártaro, e que chegue à região dos vivos".

A inquietação também se revela no costume de enterrar os mortos o mais perto possível do santuário, onde se encontram as relíquias de um mártir ou de um santo, cuja presença afastará as forças do mal que tentariam levar o morto para o inferno.

Inscrições funerárias francas dão mostra desse temor. Em 515, pode-se ler em um sarcófago de Viena: "Este cujos ossos repousam neste túmulo mereceu estar associado ao sepulcro dos santos: que a fúria do Tártaro e a crueldade de seus suplícios lhe sejam poupadas".

Já manipulada de forma exagerada por Cesário de Arles, a pastoral do medo se torna sistemática no século XII, uma vez mais nos círculos monásticos, que cultivam a ideia de uma elite salva por meio de uma vida ascética e de uma imensa maioria condenada. Esculturas, afrescos e sermões se combinam para aterrorizar o fiel. E, como não existe melhor agente do pânico que um homem aterrorizado, os pregadores relatam em público seu pavor. "Três coisas me aterrorizam", declara Juliano de Vézelay por volta de 1150; "basta evocá-las que todo o íntimo de meu ser treme de medo: a morte, o inferno e o julgamento futuro." Na mesma época, Guilherme de Saint-Thierry escreve em *Orações meditativas* que, tendo desejado visitar os infernos, seu espírito fora transportado por um anjo, mas que, chegando à porta, ele ficara tão perturbado com os lamentos e o ranger de dentes que preferiu não entrar.

São Bernardo expressa várias vezes seu medo durante seus sermões:

> Temo a Geena, temo o rosto do juiz, que as forças celestiais também temem. Tremo ao pensar na cólera do Todo-Poderoso, na fúria acentuada de seu rosto, no clamor do mundo que desmorona, na conflagração dos elementos, na tempestade furiosa, na voz do arcanjo e em suas palavras assustadoras. Temo ao pensar nos dentes da besta infernal, nas garras do inferno, nos leões que rugem ao se lançar sobre seu alimento. Tenho pavor do verme que rói, do fogo devorador, da fumaça, do vapor, do enxofre e do sopro da tempestade; tenho pavor das trevas exteriores (Sermão sobre o Cântico dos cânticos).

A quarta região é a da Geena. Ó região de dureza e sofrimento, região de terror, região da qual se deve fugir, terra do esquecimento, terra de aflição e de miséria, na qual só reina a desordem, em que só habita o horror eterno! Lugar que faz morrer, em que só existe um fogo ardente, um frio penetrante, um remorso sem fim, um cheiro fétido e insuportável, martelos que batem, trevas espessas, uma mistura confusa de pecadores, uma parafernália de correntes, de pavorosas cabeças de demônios (Sermão sobre os cinco negócios e as cinco regiões).

No século XIII, o pregador popular Jacques de Vitry multiplica os *exempla*, historietas edificantes que espalham o alarme, e o dominicano Étienne de Bourbon dedica uma parte de seu *Traité de prédication* [Tratado sobre a pregação] ao "dom de temer". Nos séculos XIV e XV há um aumento exagerado. Franciscanos e dominicanos, falando diante de multidões que já estavam com os nervos frágeis, traumatizadas e debilitadas com os cataclismos da época, acentuam o aspecto assustador do além. O dominicano espanhol Vincent Ferrier, apelidado de "Anjo do Apocalipse", brada contra os pecadores e adverte: "Se pensas nas penas infernais dos condenados, que estão preparadas para todos os pecadores, creio que toda penitência, toda humildade, toda pobreza, toda luta, enfim, que pudesses ter no sentido de apoiar a defesa de Deus te será leve, se com isso evitas essas terríveis penas". Seu confrade Tauler acrescenta: "Pensa que milhares e milhares de homens estão no inferno, e talvez eles não tenham feito tanto mal como tu". Os frades mendicantes unem o gesto à palavra, se contorcem de dor, uivam, mordem os próprios braços para mostrar como os condenados devoram uns aos outros. Alguns, como o Anônimo de Auxerre, pensam até que eles exageram, e transformam Deus em um verdadeiro "açougueiro".

Por outro lado, a utilização abusiva da ameaça acaba diminuindo sua eficácia. Hervé Martin, autor de uma tese admirável sobre a pregação no final da Idade Média, observou os comentários descontentes de diversos eclesiásticos, que constatam a ineficácia de seus sermões. Os ouvintes ficam momentaneamente impressionados, mas os hábitos cotidianos logo voltam a imperar. Ou então, julgam que aquilo não lhes diz respeito, considerando que as ameaças são para os outros: "Ah, como ele falou bem contra aquele outro"; "Oh, como o pregador falou bem contra os cavalheiros e as damas", são reflexões assinaladas pelos clérigos. Entretanto, a era clássica irá, no contexto da Reforma católica e com recursos mais sóbrios, revigorar a pastoral do medo.

IV. O INFERNO DOS MÍSTICOS

Entre os íntimos do inferno, os místicos ocupam um lugar muito específico. Sua extrema sensibilidade e a intensidade de sua experiência interior produzem, em um tema tão assustador, efeitos psicológicos traumatizantes que eles, na maioria das vezes, não conseguem traduzir em palavras. Desse modo, Heinrich Muso (1295-1366) multiplica as imagens para sugerir a eternidade das penas, e reflete a seu respeito para extrair delas um estímulo que aceite as mortificações e a vida ascética. No século XIV, o ermitão inglês Richard Rolle está obcecado com o medo do inferno, que ele remói de forma doentia e povoa com todos aqueles que encarnam o pecado da carne; vítima de uma sexualidade não assumida e mal reprimida, ele associa o pecado carnal à ideia de inferno:

> Adolescente, eu tinha um coração muito ardoroso [...]. Percebi como é desprezível a vida dos homens [...], é por isso que eles rangerão os dentes, presa viva das chamas em um mau cheiro horrível. Tudo isso eu compreendi enquanto estava na idade do amor, e sob a inspiração do espírito desprezei toda devassidão [...].

Passei o tempo desta vida em penitência, e assim poderei morrer sem temer o inferno. Evitei as mulheres para não me deixar enganar por seus artifícios.

Mais equilibrada, a *devotio moderna* do século XV, que chega ao ápice na *imitação de Jesus Cristo,* utiliza o inferno como um consolo que ajuda a suportar os sofrimentos atuais e nos sustenta no combate contra o pecado. Distribuindo amavelmente as penas adaptadas a cada falta, ela nos convida a refletir sobre elas para transformá-las em uma auxiliar da vida virtuosa. É o mesmo princípio aceito no século XVI por Inácio de Loyola, que, em seus *Exercícios espirituais,* dedica a quinta parte a uma reflexão sistemática sobre o inferno, utilizando tanto os sentidos como a inteligência:

"Oração. A oração preparatória habitual.

"Primeiro preâmbulo. Composição do lugar. Aqui, ver por meio do olhar da imaginação a extensão, a largura e a profundidade do inferno.

"Segundo preâmbulo. Pedir o que eu quero. Aqui, pedir a sensação interna do sofrimento que os condenados suportam, para que, se eu viesse a esquecer, com minhas faltas, o amor do Senhor eterno, ao menos o temor das penas me ajude a não cair em pecado.

"Primeiro ponto. Por meio do olhar da imaginação, ver os fogos imensos e as almas como se estivessem em corpos incandescentes.

"Segundo ponto. Pelo ouvido, ouvir os lamentos, os berros, os gritos, as blasfêmias contra Cristo Nosso Senhor e contra todos os santos.

"Terceiro ponto. Pelo olfato, sentir a fumaça, o enxofre, a cloaca e a putrefação.

"Quarto ponto. Pelo paladar, provar as coisas amargas, como as lágrimas, a tristeza e o verme da consciência.

"Quinto ponto. Pelo tato, tocar como o fogo toca e inflama as almas.

"Colóquio. Fazer um colóquio com Cristo Nosso Senhor. Recordar-me das almas que estão no inferno: umas por não terem acreditado em seu advento; as outras, que acreditaram, por não terem agido segundo os mandamentos. Dividi-las em três grupos: o primeiro, antes de seu advento; o segundo, durante sua vida; o terceiro, depois de sua vida neste mundo. Depois, dar-lhe graças por aquilo que não me deixou cair em nenhum desses grupos ao dar cabo de minha vida, e por aquilo que, até o presente, ele sempre teve por mim em termos de ternura e misericórdia. Terminar com um *Pater noster*."

Nos métodos da vida cristã, os conselheiros espirituais incorporam o medo do inferno em um sistema de defesa bem elaborado contra o pecado. Para Francisco de Sales, esse sentimento é a última barreira contra as forças do mal, a mais grosseira, mas também a mais eficaz. A alma que evoluiu nos progressos espirituais tem de poder contar com meios mais elevados, mas se os assaltos do diabo se tornam muito fortes, ou quando se é novato na vida espiritual, é preciso concentrar a mente nos horrores do inferno. É isso que ele aconselha em 1609 na *Introdução à vida devota*, seguindo um processo tão sistemático quanto o de Santo Inácio:

> "Preparação:
> "Colocai-vos na presença divina.
> "Humilhai-vos e solicitai sua ajuda.
> "Imaginai uma cidade tenebrosa, totalmente ardente de enxofre e de alcatrão fedido, cheia de cidadãos que não podem deixá-la.
> "Considerações:
> "1) Os condenados estão dentro do abismo infernal como se estivessem dentro dessa cidade amaldiçoada, na qual sofrem tormentos indescritíveis em todos os seus sentidos e em todos os seus membros, pois, como eles empregaram todos os seus sentidos e todos os seus membros para pecar, então sofrerão em todos os seus membros e em todos os seus sentidos os castigos pelos pecados: os olhos, por seus olhares falsos e maldosos, sofrerão a visão

horrível dos diabos e do inferno; as orelhas, por terem se deleitado com palavras cruéis, só ouvirão prantos, lamentos e desesperos: e assim outros.

"2) Além de todos esses tormentos, ainda existe um maior, que é a privação e a perda da glória de Deus, a qual eles são obrigados a jamais ver. Porque, se Absalão achou que a privação do rosto amável de seu pai Davi era mais desagradável que seu exílio, ó Senhor! Que tristeza ser privado para sempre de contemplar vosso rosto manso e suave!

"3) Considerai sobretudo a eternidade dessas penas, que, sozinha, torna o inferno insuportável. Ai de mim! Se uma pulga em nossa orelha, se o calor de uma febrezinha torna uma noite curta tão longa e irritante, quão assustadora será a noite da eternidade com tantos tormentos! Dessa eternidade nascem o desespero eterno, as blasfêmias e as raivas infinitas.

"Perturbações e decisões:

"1) Atemorizai vossa alma com as palavras de Isaías:

– Ó, minh'alma, poderias viver bem eternamente com esses calores eternos e em meio a esse fogo devorador? Queres abandonar teu Deus para sempre?

"2) Confessai que o haveis merecido, mas muitas vezes! Ora, doravante quero tomar partido do caminho oposto; por que desceria eu nesse abismo?

"3) Farei, portanto, um e outro esforço para evitar o pecado, o único que pode me dar essa morte eterna.

"Agradecei, oferecei, orai."

Teresa d'Ávila é a última grande visionária do inferno. Essa mulher ultrassensível e apaixonada, cuja personalidade permanece até hoje, para os historiadores, misteriosa e desconcertante, passa, por volta de 1560, pela experiência interior do inferno, Deus lhe tendo mostrado, diz ela, a sorte que ela teria merecido por seus pecados se não tivesse sido salva. Sua célebre visão é um dos ápices da literatura sobre o inferno, sugerindo, em sua sobriedade, o horror absoluto. Nesse caso, o inferno não é um espetáculo, é uma realidade psíquica vivida, interna à alma e cuja intensidade horrível a linguagem humana é incapaz de traduzir. O eu sufoca em um instante eterno, à espera de uma asfixia que nunca chega:

> A entrada me pareceu ser como a de uma dessas ruelas longas e estreitas que são fechadas de um dos lados, e como seria a de um forno muito baixo, muito apertado e muito escuro. O terreno parecia enlameado, muito sujo, de um cheiro insuportável, e cheio de inúmeros répteis venenosos. No fim dessa ruela havia um buraco feito na muralha em forma de nicho, onde fiquei alojada muito apertada; e, embora tudo que acabei de dizer ainda fosse muito mais assustador do que descrevo, poderia ser considerado agradável em comparação com o que sofri quando entrei naquela espécie de nicho.
> Esse tormento era tão terrível que tudo que se puder dizer não conseguiria descrever a mínima parte dele. Senti minh'alma queimar em um fogo tão horrível que seria difícil descrevê-lo tal como era, já que não conseguiria nem mesmo imaginá-lo. Senti as dores mais insuportáveis, segundo o relato dos médicos, que se podem enfrentar nesta vida, tanto pela contração dos nervos como de diversas outras maneiras, por outros males que os demônios me causaram; mas todas essas dores não são nada comparadas ao que sofri então, junto com o pavor que eu tinha ao perceber que esses castigos eram eternos; e mesmo isso ainda é pouco, se o comparamos com a angústia em que a alma se encontra. Parece-lhe que a sufocam, que a estrangulam; e sua aflição e seu desespero são tão exagerados que seria inútil tentar relatá-los. É uma meia verdade dizer que lhe parece que a dilaceram continuamente, porque assim seria uma violência externa que quereria lhe tirar a vida; em vez disso, é ela mesma que se rasga e se faz em pedaços. Quanto a esse fogo e a esse desespero, que são o auge de tantos tormentos horríveis, confesso poder descrevê-los ainda menos. Eu não sabia quem me fazia

suportá-los; mas eu me sentia queimar e picar em mil pedaços, e esses me pareciam ser os castigos mais horríveis de todos.

    Em um lugar tão assustador, não resta a menor esperança de receber qualquer consolo, e não há lugar suficiente para se sentar ou se deitar. Eu era como um buraco feito na muralha, e essas muralhas horríveis, contra a ordem da natureza, espremem e apertam o que elas encerram. Tudo sufoca nesse lugar; são apenas sombras espessas sem nenhuma mistura de luz, e não entendo como é possível que, embora não haja nenhum ponto de luz, tem-se à vista tudo que pode ser mais doloroso.

– 8 –

APOGEU E QUESTIONAMENTO DO INFERNO (SÉCULOS XVII-XIX)

A reforma tridentina, que entra em vigor aos poucos no primeiro terço do século XVII, é uma verdadeira revolução cultural que dá à Igreja uma feição nova, quase definitiva, até os grandes questionamentos do século XX. Trata-se, na verdade, de uma ampla retomada de controle de toda a cultura ocidental depois dos transtornos do final da Idade Média e do Renascimento. As crenças são redefinidas, especificadas e cristalizadas. O edifício eclesiástico se imobiliza em uma vasta síntese que atende às necessidades do período 1600-1650. Obra grandiosa, cuja principal fragilidade é que proíbe qualquer mudança futura. De fato, a partir do fim do século XVII surge uma defasagem crescente em relação à evolução cultural, fonte de contestação das crenças tradicionais.

A concepção do inferno ilustra bastante bem isso. A crença, meticulosamente restaurada em um espírito clássico depois dos excessos dos séculos XIV a XVI, está incorporada no conjunto do dogma, de acordo com a civilização do Grande Século, em uma ótica elitista e restritiva que reserva o céu a um pequeno número de eleitos. O rigor se fortalece mesmo no século XIX, época de combates ao longo da qual as posições se radicalizam. Entretanto, a partir dos anos 1680-1720, durante a "crise da consciência europeia", o inferno é questionado, sobretudo em seu princípio fundamental, a eternidade. Filósofos no século XVIII e cristãos liberais no século XIX mostram a incompatibilidade entre o amor de Deus e os suplícios intermináveis, enquanto a Igreja oficial endurece sua posição. O medo diminui pouco a pouco na mente dos fiéis e o inferno do além se torna uma crença fossilizada, que dá lugar no século XX a um inferno terreno e exclusivamente humano.

I. O INFERNO CLÁSSICO

Na grande reorganização doutrinária e pastoral da Reforma católica, o inferno é incorporado como uma engrenagem essencial do plano de salvação. Seu papel é, ao mesmo tempo, pastoral e escatológico: inspirar aos cristãos um medo salutar para afastá-los do pecado e fornecer uma solução definitiva para a massa de descrentes, infiéis, pagãos e rebeldes que recusam o perdão divino.

Os catecismos, que se multiplicam, fixam claramente a crença na mente dos fiéis, com fórmulas precisas e definitivas. O *Catecismo de Bourges*, por exemplo, dedica em sua edição de 1736 mais de dez páginas ao julgamento e ao inferno. Eis aqui sua passagem principal:

P. – O que é o inferno?

R. – É o lugar para onde vão aqueles que morrem em estado de pecado mortal.

P. – Quantos é preciso ter para ir para o inferno?

R. – Apenas um pelo qual não se tenha feito uma verdadeira penitência nesta vida basta para nos perdermos para sempre.

P. – Quantas penas se sofrem no inferno?

R. – Nós as reduzimos à pena dos Sentidos, à pena do Desgosto e à pena da Eternidade.

P. – O que se deve considerar a respeito dessa pena, segundo a Escritura?

R. – 1) O lugar, que é uma prisão horrível, uma masmorra terrível, cavada no centro da Terra. 2) As correntes que prendem os pés e as mãos dos condenados, e que lhes elimina qualquer esperança de fuga e de defesa. 3) A companhia, que não é outra senão o conjunto de todos os pecadores da Terra, e de todos os homens mais celerados, mais abomináveis e mais detestáveis que já existiram, ímpios, blasfemadores, homicidas, feiticeiros etc., que se odeiam, se amaldiçoam e se enfurecem uns contra os outros. 4) O senhor desse triste lugar é Lúcifer, e também os diabos, isto é, os espíritos furiosos e malignos, enraivecidos, assustadores ao olhar, de uma feiura inimaginável, de uma malícia cruel, cuja tirania é insuportável e que alimentam um ódio implacável e mortal contra o gênero humano. 5) A aflição de todos os sentidos e de todos os poderes: ali, os olhos, sobrecarregados de trevas espessas, jamais verão a luz; ali, as lágrimas, os soluços, o ranger de dentes, os gritos e os uivos, os arrependimentos e os suspiros; ali, um mau cheiro intolerável que esses bodes infernais exalarão nesse porão do mundo, nessa cloaca do universo, e que será acrescido do odor do enxofre infernal; ali, o ouvido será atormentado por clamores, lamentos, maldições, juramentos, blasfêmias; ali, uma fome enlouquecida e uma sede insuportável atormentarão esses infelizes, e um verme roedor destruirá para sempre seu coração. Mas que dizer do lago de fogo e de enxofre no qual eles são jogados e onde queimarão para sempre? Eis aí uma amostra do inferno.

O catecismo detalha em seguida a natureza das penas do desgosto, dos sentidos e da eternidade, e a natureza das faltas que provocam a condenação fatal. O conjunto é claro, lógico e cartesiano; em uma palavra: clássico. O inferno é uma necessidade quase matemática: Bossuet não escreve em 1687 uma "demonstração geométrica" em oito proposições, com axiomas e corolários, provando que "Deus não pode se eximir de punir o pecado com uma pena infinita, ou ao menos segundo a capacidade de sofrer presente no culpado"?

Os pregadores incorporam o inferno em seus sermões regulares, segundo regras igualmente definidas e modelos fornecidos por manuais especializados, como *A biblioteca do pregador*, de Vincent Houdry, no início do século XVIII, que dedica 103 páginas ao verbete "inferno". O autor assinala todos os artifícios por meio dos quais é possível sugerir os tormentos; recomenda que sempre se tenha a preocupação de provar o caráter necessário do inferno, consequência inelutável do amor e da justiça de Deus. O inferno é "infinitamente racional".

Vincent Houdry também fornece uma estrutura típica, modelo de dissertação clássica em três etapas, cada uma delas dividida em três, reproduzida em centenas de exemplares por meio dos sermões dominicais:

— Exórdio: vou lhes falar de uma coisa terrível.

— Primeira parte: a pena do desgosto.

1) Aumentada pela importância do bem perdido.
2) Aumentada pela violência do desejo de se unir a Deus.
3) Aumentada pela reflexão sobre a vaidade das coisas pelas quais eles o perderam.

– Segunda parte: a pena dos sentidos, concentrada no fogo sobrenatural.
1) Ela age sobre a alma e sobre o corpo.
2) Ela unifica em si todos os suplícios possíveis.
3) Ela causa uma dor imensa devido ao seu alcance universal.

– Terceira parte: a eternidade dos dois suplícios.
1) Essa eternidade é justa e equânime.
2) A ideia dessa eternidade tornará a dor insuportável.
3) Estranha cegueira dos homens que continuam pecando.

– Conclusão: mudem imediatamente de vida.

A pregação clássica atribui grande importância ao aspecto repressivo da religião. Estatísticas baseadas na centena de volumes da coleção dos oradores cristãos publicada pelo abade Migne no século XIX demonstram, segundo Jean Delumeau, que a parcela dos sermões com tendência "culpabilizante e dolorista"[4] se situa entre 61% e 84% das obras dos pregadores. Estes se cansam de sugerir os sofrimentos intoleráveis dos condenados, acumulando imagens e comparações, não hesitando em infringir a decência e o bom gosto com o intuito de serem mais realistas. Escolhido entre milhares de páginas dessa literatura sobre o inferno, eis aqui um extrato de um sermão do jesuíta Pierre Coton (1564-1626), pronunciado em 1616, em relação ao tema *Sobre o inferno e suas penas*. Depois de discursos intermináveis a respeito do julgamento e de sua encenação, os condenados "bodes fedidos e infames", cujo corpo é "sujo, malcheiroso, disforme, horrível e assustador", são conduzidos ao reino de Satanás, a 1760 léguas debaixo da terra. Segue-se a apresentação do local:

---
4 Referente a dolorismo: teoria ou doutrina que defende a valorização da dor. (N. T.)

1. O inferno é uma prisão perpétua, cheia de fogo, de tormentos terríveis e incalculáveis, para castigar eternamente aqueles que morrem em estado de pecado mortal. 2. O inferno é um lugar debaixo da terra, escuro, situado no centro do mundo, onde a luz do sol, da lua e das estrelas nunca penetra, e onde o fogo, embora queime, não ilumina nada. 3. O inferno é um intestino muito estreito em volta do umbigo da Terra, onde os corpos dos condenados não terão nem o espaço de um caixão, e serão amontoados uns sobre os outros, como vemos nos fornos de pedra calcária, os tijolos uns ao lado dos outros. 4. O inferno, segundo São João, é um lago de fogo e de enxofre, e dos calores excessivos que suportamos ali não temos esperança de arrefecimento, daí o ranger de dentes de que fala a Escritura. 5. O inferno é um lugar cheio de todos os tipos de infecção, que é no universo o que são os esgotos das casas, as cloacas para as cidades e os porões para os navios. 6. O inferno é uma vala comum onde os anjos lançarão todo o lixo dos corpos humanos que existiram desde o primeiro assassino e fratricida até o Anticristo e seu séquito. 7. O inferno é um antro mefítico [fétido] onde as carcaças reanimadas e os cadáveres sujos dos condenados exalarão um suor tão malcheiroso que será insuportável. 8. O inferno é uma recepção enfurecida, uma masmorra de desespero, a gaiola dos loucos e o receptáculo dos insensatos. 9. O inferno é uma fossa fechada por todos os lados, com trancas, barras e cadeados eternos, e acima fica o selo da ira de Deus. 10. O inferno *est ignis arcani subterraneus et poenam thesaurus,* diz Tertuliano, reclamando daqueles que desejam que aquilo que é contado sejam coisas metafóricas. Desse grupo faz parte o infeliz Calvino, a respeito do Capítulo 30 de Isaías, onde se menciona Tofete. 11. O inferno é um estado permanente, no qual os inimigos de Deus, como punição por suas faltas, são privados de todos os bens que poderiam desejar e sofrem todos os males que poderiam temer. 12. O inferno é um monte de suplícios tão grande que todas as outras penas que existiram, existem e existirão – escorpiões, cavaletes, rodas, couraças incandescentes, grelhas, touros de bronze, mós, esfolamentos, desmembramentos,

intercisões, empalamentos, capacetes de fogo, lâminas alongadas anexadas a todos os doentes renais, convulsões, aflições, contrações dos nervos, dentre outras doenças – por maiores, mais esmagadoras e sensíveis que possam ser, não passam, comparativamente, de algo suave.

Segue-se a lista de suplícios. Ao longo de páginas e mais páginas, o padre Coton expõe todos os horrores que conseguiu reunir. São corpos empalados, despedaçados, esmagados, cozidos, assados, trancados em caixas incandescentes, seios e sexos cortados e trespassados. Há ainda algumas páginas complementares sobre os modos de ação do fogo, deixando bem claro que isso tudo não é alegórico, ao contrário do que afirma o "heresiarca infeliz" Calvino. Por fim, o ouvinte, zonzo com essa exposição de carne, sangue e fogo, fica atordoado com os números, cujo amontoado sem sentido sugere a eternidade: "Ali, as dezenas, as vintenas, as centenas, os milhares, as dezenas de milhares, centenas de milhares, milhões, centenas de milhões, milhões de milhões, bilhões de bilhões de anos passam, e depois começa tudo de novo".

Na corte, onde também se deve pregar o inferno, as pessoas de condição têm direito a uma versão bastante edulcorada. Bordaloue, em seu sermão *Sobre o inferno*, tranquiliza seus "caros ouvintes": a população mal-educada precisa dessas imagens vulgares, mas o inferno aristocrático para cavalheiros tem de ser mais refinado. A cada classe seu inferno:

> Ao povo, essa verdade pode ser oferecida sob formas sensíveis: lagos de fogo, garras incandescentes, fantasmas horrendos, ranger de dentes. Mas a vós, meus caros ouvintes, que, embora mundanos e carnais, sois em outro sentido os espirituais e os sábios do mundo, ela deve ser aplicada com a simplicidade da fé; para que vos seja dado um entendimento preciso e capaz de vos edificar.

Michel Hulin, em *La Face cachée du temps. L'imaginaire de l'au-delà* [A face oculta do tempo. O imaginário do além], mostrou claramente a significação profunda dessa pregação, que visa dar uma imagem do sofrimento em estado puro, sofrimento ao mesmo tempo interno e externo, ao criar um ambiente opressivo por meio da superlotação e da falta de espaço. Nenhuma possibilidade de descanso, nenhum refúgio de frescor, com a consciência permanente de que aquela situação é eterna; o inferno cristão é, definitivamente, o sistema totalitário de suplício mais completo que a mente humana já concebeu, um mundo fechado de mal absoluto, contrapartida lógica de uma religião do amor infinito.

Por outro lado, no século XVIII o protestantismo produz o mesmo tipo de obra, com os sermões anglicanos e puritanos de J. Donne, R. Baxter, E. Calamy, T. Goodwin, W. Perkins. O batista John Bunyan é até mesmo atormentado pela visão do inferno, cujos suplícios ele expõe em 1658 em *A few sighs from Hell* [Alguns lamentos do inferno], livro que teve 35 edições nos séculos XVII e XVIII, enquanto em 1667 John Milton criava sua grande epopeia alegórica do inferno, *Paraíso perdido*.

É possível diferenciar os infernos de gosto clássico dos infernos de gosto barroco? A divisão nesse domínio não coincide com a que podemos constatar no domínio artístico e cultural como um todo. Nos séculos XVII e XVIII, a grande oposição se dá entre os infernos sensíveis e os infernos intelectuais.

Os primeiros são os infernos para o homem comum, apresentados por meio de uma pastoral adaptada, cruel e pitoresca. A coletânea de N. Girard, escrita no século XVIII e intitulada *Les Petits Prosnes ou instructions familières principalement pour leus peuples de la campagne* [Os versinhos ou orientações familiares principalmente para os moradores do campo] dá uma boa ideia disso, jogando com todos os registros dos efeitos do fogo, apresentando os condenados como fornalhas vivas:

Sua língua será como uma barra de ferro vermelha; seus lábios, como placas de cobre incandescentes; o palato de sua boca, como uma fornalha em chamas; seus dentes, como ladrilhos de aço incandescente; seus pulmões, como foles de fogo; seu estômago e seu ventre, como um caldeirão no qual se refinam os metais mais duros.

Na mesma época, um pequeno opúsculo popular de título significativo, *Pensez-y bien, ou réflexion sur les quatre fins dernières* [Pense bem, ou reflexões sobre os quatro fins últimos], acrescenta ao fogo as serpentes e os dragões, e se esforça em mostrar que os cinco sentidos serão afetados pelos sofrimentos:

> Depois do dia do juízo, todos os sentidos dos condenados terão seu suplício particular; o tato sentirá vivamente as chamas devoradoras; a visão retratará objetos assustadores, como dragões e fantasmas horríveis; o paladar será atormentado por amargores contínuos, o olfato sentirá maus cheiros terríveis, e a audição escutará as blasfêmias, os gritos, os berros dos condenados e a zombaria dos demônios, que insultarão os cristãos por eles terem tido tantas oportunidades e recursos para salvar suas almas e não o terem feito.

Essas imagens, difundidas pelos pregadores do interior, fazem tremer o campo. Um dos grandes especialistas é o padre Julien Maunoir, que realiza ao menos 375 missões na baixa Bretanha entre 1642 e 1682, utilizando os métodos pedagógicos mais revolucionários, como quadros pintados mostrando o caminho largo e fácil que conduz ao inferno. Seu argumento fundamental é o medo, como ele mesmo conta por ocasião da missão realizada em Ouessant:

> Nós falamos dos tormentos do inferno e dos pecados que para ali conduzem os homens. Chorando, [os ilhéus] diziam: "Ai de mim! Até o momento vivemos como animais! Deus boníssimo, que

gratidão devemos ter para com os Pais que nos tiraram dessa condição miserável".

O bom Vicente de Paulo não é mais carinhoso. A coletânea de seus *Sermons pour les missions de campagne* [Sermões para as missões no campo] nos mostra o santo de um ângulo diferente, brandindo ameaças. No sermão *Des peines corporelles de l'enfer* [Sobre os castigos corporais do inferno], ele apresenta o lugar como situado no centro da Terra, cloaca de enxofre e betume onde se acumulam todas as imundícies do globo. Apesar da escuridão completa, vemos ali "a feiura assustadora dos corpos dos condenados", "espectros e fantasmas pavorosos", "rodas, navalhas, ganchos, grelhas, braseiros, caldeiras escaldantes, dragões e serpentes"; "os animais mais cruéis se jogam sobre você com imprecações e uivos lúgubres". Ali se comem "sapos e serpentes e carne podre". Não se deve esperar nenhuma compaixão, à imagem do rico avarento que implora uma gota d'água há 1600 anos e a quem Deus responde:

> Lembra-te de que foste um glutão e apreciador da boa mesa; é preciso que sejas particularmente punido por teus excessos da boca, e por meio de uma fome e de uma sede que te farão gritar, chorar, uivar desesperado e ranger os dentes, sem que Deus jamais se apiede de ti.

Os clérigos intelectuais do Grande Século se questionam sobre essas imagens pitorescas: "Quem pode dizer ou conceber o que é o inferno, a mínima parcela das misérias que ele encerra?", interroga em 1680 o jesuíta Crasset. O jansenista Nicole também desconfia bastante dos vermes e das serpentes do inferno.

Bossuet, encarnação da Igreja clássica, evita falar do inferno. Sua obra imensa não contém uma única descrição dele. Desprezando os populares infernos barrocos, ele tem uma concepção muito mais espiritual da situação dos condenados:

Digo que, estando separados dessa unidade, eles já começam seu inferno na Terra, e que seus crimes os fazem descer até ali: pois não imaginemos que o inferno consiste nesses tormentos assustadores, nesses lagos de fogo e de enxofre, nessas chamas eternamente devoradoras, nessa raiva, nesse desespero, nesse horrível ranger de dentes. O Inferno, se nós o entendemos, é o próprio pecado; o inferno é estar afastado de Deus: e a prova disso fica evidente através das Escrituras.

Essa ideia, exposta no sermão *Sur la gloire de Dieu dans la conversion des pécheurs* [Sobre a glória de Deus na conversão dos pecadores], se amplia por meio de uma observação profunda: o inferno está em cada um de nós quando vivemos no pecado, e Cristo desce continuamente em nossos infernos para nos oferecer a salvação. Há uma grande distância entre o inferno barroco popular e o inferno clássico intelectual de Bossuet, que acrescenta: "O pecador é seu próprio suplício".

II. UM INFERNO SUPERPOVOADO

No século XVI, a questão do número de condenados ganha novo fôlego com a descoberta da América, com seus milhões de índios e suas centenas de milhões de ancestrais, dentre os quais nenhum ouviu falar de Cristo e da Boa-Nova. Ora, a postura da Igreja a esse respeito acabara de endurecer, com a aceitação da frase "fora da Igreja não há salvação". Um professor de Bolonha, Marzio Galeotti (1440-1491), morto no ano anterior à viagem de Colombo, fora detido pela Inquisição por ter negado a condenação eterna dos pagãos. Aliás, os teólogos medievais consideravam que estes últimos eram resíduos periféricos pouco numerosos em relação ao conjunto dos cristãos.

As Grandes Navegações questionam essa subestimação numérica. É preciso, então, persistir na postura intransigente e admitir, ao mesmo tempo, a existência de milhões, ou mesmo bilhões, de novos condenados? Alguns acham que sim. Outros, no entanto, procuram uma acomodação. O humanista Louis Vivès, os teólogos Vega, De Soto e Martinez de Ripalda declaram que o respeito à lei natural pode ter sido suficiente, enquanto o arcebispo de Turim, Claude de Seyssel, sugere que os índios que morreram pagãos poderiam se encontrar no limbo, o que o doutor milanês François Collius refuta em 1622: sem a graça divina, que se obtém pelo batismo, ninguém pode nem mesmo continuar fiel à lei natural. A questão ainda será longamente debatida em 1950: o *Dictionnaire de théologie catolique* [Dicionário de teologia católica] declara que, embora o "infiel positivo", aquele que rejeitou a Revelação, esteja condenado, o caso do "infiel negativo", aquele a quem ela jamais foi proposta, permanece incerto.

De todo modo, para os doutores e pregadores do século XVII, o número de condenados é muito superior ao de eleitos: "Um pequeno número de homens chega à salvação eterna", segundo Louis de Grenade; "O número dos reprovados será semelhante à infinidade de azeitonas que caem no chão quando se sacode a oliveira", escreve o cardeal Bellarmin; "Creio que a metade do mundo, talvez até três quartos, será condenada pelo pecado da preguiça", declara Vicente de Paulo; o número de eleitos é "tão pequeno, tão pequeno, que há apenas um dentre 10 mil", exagera Grignon de Montfort. O oratoriano Julien Loriot apresenta até estatísticas precisas, fornecidas por um ressuscitado anônimo, e que ele revela no sermão *Du petit nombre des élus* [Do pequeno número de eleitos]: dentre os 60 mil óbitos diários no mundo, existe em média um eleito, três almas para o purgatório e 59.996 condenados! Para Malebranche, "haverá vinte vezes, cem vezes mais de condenados que de eleitos", e para Massillon "a infinidade é sempre o grupo dos reprovados", o que não faz recuar Deus, que está disposto a condenar toda a sua criação se for preciso, pois ele "não conta os culpados e só se interessa pelos crimes".

A religião dos séculos XVII e XVIII é pessimista e elitista. Ela exige um nível de vida ascético que está acima das forças da infinidade de cristãos. Racional e lógica, mais que misericordiosa, ela tira matematicamente as consequências disso e condena com frieza a multidão.

III. O ENDURECIMENTO DO SÉCULO XIX

O século XIX não é mais indulgente, muito pelo contrário. A atmosfera de lutas sociais e políticas endurece a postura repressiva de uma Igreja que se encontra em uma posição defensiva. Não dispondo mais, na maioria dos casos, da ajuda do braço secular para assegurar a ordem moral na Terra, ela fulmina seus adversários no além. Os discípulos dos filósofos, os livres-pensadores, os ateus, os liberais, os socialistas, os revolucionários, os divorciados e os defensores da laicidade, além de muitos outros representantes dos defeitos modernos, são lançados em massa no inferno.

O clero, formado distante do mundo em seminários austeros, se mostra de um rigor implacável na direção moral das paróquias. O diretor do seminário de Saint-Sulpice, Pierre-Denis Boyer, morto em 1842, pede que os futuros padres deem a devida atenção "ao medo do julgamento divino", sem temer os exageros, pois "não há nenhum exagero quando se fala de um assunto que a mente e a imaginação do homem jamais poderão alcançar". De resto, diz ele a seus seminaristas, vocês mesmos certamente serão condenados, pois é raro que os padres estejam à altura de suas terríveis responsabilidades. Renunciar à sua vocação seria inútil: vocês seriam condenados por terem recusado o chamado de Deus.

Nessas condições, é compreensível o estilo verdadeiramente terrorista que assume a pastoral ordinária e extraordinária, durante as missões ao interior, por exemplo, onde se vê um Jean-Marie de Lamenais repetir de paróquia em paróquia seu ritual macabro: pregando nos cemitérios, ele traz consigo um caixão cheio de crânios, com os quais estabelece um diálogo fictício, em que todos dizem que suas almas estão no inferno.

Em alguns indivíduos frágeis, o ensino do seminário pode desenvolver uma obsessão mórbida pelo inferno. Jean-Marie Vianney, cura de Ars (1786-1859), é um deles. Atormentado pelo demônio a vida inteira, ele vê por toda parte ameaças de condenação, por pensamentos impuros, por uma distração durante a missa, por um palavrão, por um trabalho feito no domingo. Entre as pessoas casadas, "a maior parte, sem dúvida nenhuma, será condenada". Para os bilhões de pagãos que não conheceram o Evangelho, nenhuma esperança de salvação. Deus tem sede vingança, e o dia do juízo será assustador: "Sentença terrível, mas infinitamente justa. Nada mais justo!".

No século XIX, uma nova preocupação vem reforçar a utilização do inferno: a defesa da ordem social. Como proclama em 1850 o padre Caussette, superior dos missionários de Toulouse, a Revolução é o resultado de um enfraquecimento da crença no inferno: "O inferno foi apagado do emblema da nossa França, e agora a liberdade humana, desgovernada e sem contrapeso, se lançou contra abismos cujas feridas ela ainda conserva. O inferno que ela renegou, como se quisesse se mostrar melhor, lhe desceu até o peito". Eliminem a crença nos castigos eternos, conclui o padre Caussette, "e o mundo se tornará uma Babilônia".

O inferno não é apenas a última barreira da moral individual, como na espiritualidade clássica, ele é também a melhor garantia da estabilidade social. Aliás, é em parte por isso que Deus o criou, escreve Claude Lacoudre, cônego de Bayeux (1755-1836):

> Existe na natureza humana tamanha depravação que, infalivelmente, o homem se tornaria perverso se não tivesse nada a temer [...]. Portanto, foi sábio da parte de Deus que não apenas houvesse castigos depois da vida, mas também castigos eternos. Poderia ele, sem isso, conter as paixões humanas e manter a ordem no mundo?

No final do século, o célebre pregador dominicano Jacques Monsabré, que prega durante a Quaresma na Notre-Dame de Paris de 1873 a 1890, faz o balanço da questão em um sermão de 1889, *Sur l'éternité des peines* [Sobre a eternidade das penas]. Para ele, a utilidade social do inferno é primordial, e a parábola do filho pródigo perdoado não o impressiona de modo algum. Se não existe inferno, "Deus e o homem interpretam apenas uma triste comédia, no fim da qual um pai mais que piedoso sempre descobre um jeito de abraçar um vagabundo para lhe deixar sua herança". O inferno é necessário para proteger a propriedade, ele é a prisão do além. Sem ele, veremos "Nero dançando de alegria sobre o coração de São Vicente de Paulo". A propósito, se ele não existe, do que a morte de Cristo nos salvou? Portanto, é preciso brandir o medo do inferno, não "ter medo de causar medo", e, sobretudo, nada de sentimentos: "Sem piedade, vos peço, nada de comiserações infantis, nada de lágrimas! Não deis ao reprovado o triste consolo, se for um consolo, de zombar de vós, pois ele se acusa a si mesmo, se condena a si mesmo, se amaldiçoa a si mesmo".

A imprensa clerical está de pleno acordo. Em 1901, no auge das discussões sobre a laicidade, a revista *L'Ami du clergé*, respondendo a um padre que se perguntava se a pregação sobre o inferno não era um pouco exagerada, declara:

> É preciso evitar apresentar aos fiéis um inferno tão suavizado que eles possam encará-lo como um futuro suportável. Em vez de tentar edulcorar o dogma do inferno por meio de eufemismos

impossíveis, esforcemo-nos para manter dentro da mente o temor salutar dos suplícios horríveis que aguardam os pecadores impenitentes: é o melhor meio de fazer com que eles os evitem.

No leste da Europa, na zona rural polonesa, o clero todo-poderoso aterroriza do mesmo modo os camponeses, como demonstra em suas memórias Wincenty Witos (1874-1945): "Esse exagero levava um grande número de pessoas mais sensíveis a um estado quase patológico, pois o inferno que aguardava todos os pecadores, retratado em todo o seu horror, devia provocar um grande impacto nas pessoas".

Paralelamente, a doutrina se cristaliza mais, atingindo um grau de refinamento impressionante. De modo paradoxal e anacrônico, nunca uma quantidade tão grande de livros sobre o inferno foi escrita como no século XIX. Discute-se neles cada detalhe das condições de admissão, dos sofrimentos e da vida dos condenados. A batalha é feroz em torno do número de eleitos. Em 1897, o teólogo alemão Heinrich, em *Dogmatische Theologie* [Teologia dogmática], acredita que não há como condenar os pagãos, e em 1898 o jesuíta Castelein, em *Le rigorisme, le nombre des élus e la doctrine du salut* [O rigorismo, o números de eleitos e a doutrina da salvação], declara que os condenados são, sem dúvida, pouco numerosos. Opinião refutada no ano seguinte por F. X. Godts, em um livro volumoso em latim, *De paucitate salvandorum* [Sobre o pequeno número de eleitos]: 73 padres da Igreja e santos, 74 teólogos e 28 exegetas demonstraram que havia mais condenados que eleitos, escreve ele. Em 1913, o *Dictionnaire de théologie catholique* equipara a sorte dos infiéis à dos loucos: existem "diferentes graus de imbecilidade", que atenuam a responsabilidade dos atos. "O estado de estupidez" em que vive a maior parte dos selvagens, escreve o teólogo Balmès, pode evitar a condenação, pois eles são "estúpidos" demais para conhecer o verdadeiro Deus. Indulgência culpável, condenada em 1929 por A. Michel em *Les Fins dernières* [Os fins últimos].

Encerrados em debates estéreis, os teólogos continuam as discussões sobre as modalidades de inferno, enquanto a própria existência dele está ameaçada.

IV. A CRÍTICA DO INFERNO (SÉCULOS XVIII-XIX)

Desde meados do século XVII, alguns aspectos essenciais da doutrina do inferno são objeto de ataques provenientes de círculos tão diferentes como libertinos, correntes protestantes e alguns elementos judaicos. Em 1654, é publicada a obra póstuma do médico e filósofo alemão Soner, cujo título resume seu conteúdo: *Démonstration théologique et philosophique de cette proposition, que les supplices éternels des impies ne prouvent pas la justice de Dieu, mais son injustice* [Demonstração teológica e filosófica desta proposição, que os suplícios eternos dos ímpios não comprovam a justiça de Deus, mas sua injustiça].

Três anos mais tarde, é em tom de ironia que Cyrano de Bergerac, em *História cômica dos Estados e impérios da Lua*, explorando o erro enorme que tinha sido o processo de Galileu em 1633, atribui a um jesuíta uma explicação original do movimento da Terra:

> Imagino que a Terra gira, não pelos motivos alegados por Copérnico, mas porque o fogo do inferno, tal como nos ensina a Santa Escritura, estando encerrado no centro da Terra, os condenados que desejam escapar do calor da chama sobem na direção da cúpula para se afastar dele, fazendo assim a Terra girar, como um cão faz girar uma roda quando corre fechado em seu interior.

Para os ateus e libertinos do Grande Século, o inferno é uma excelente ocasião para ridicularizar a religião. Para o ateu Jean Dehénault, em 1670:

> Tudo isso ou não passa de mentira,
> Ou de um discurso vazio, ou de um sonho horroroso.

Os filósofos à margem da ortodoxia das grandes religiões, como Espinosa e Hobbes, também negam qualquer ideia de punição póstuma.

Mas é entre 1680 e 1720, durante *A crise da consciência europeia*, magnificamente estudada por Paul Hazard, que os ataques se multiplicam, no próprio interior das Igrejas. Precursores dos deístas, os autores utilizam ao mesmo tempo o sentimento e o espírito crítico para denunciar sobretudo a eternidade das penas. Em 1695, o deísta Chaulier escreve: "meu Deus não é um Deus cruel"; ele seria incapaz de tal monstruosidade. Opinião compartilhada pelo barão de La Hontan em 1703. A ideia original da salvação universal reaparece com o *Évangile éternel de la restauration générale de toutes les créatures* [Evangelho eterno da restauração geral de todas as criaturas], opúsculo anônimo de 1699, e o *Mystère de la restauration universelle* [Mistério da restauração universal], de Jean-Guillaume Petersen, lançado em três volumes entre 1700 e 1710. Em 1697, Bossuet, Noailles, arcebispo de Paris, e Le Tellier, arcebispo de Reims, assinam uma declaração condenando a opinião do cardeal Sfondrate, que atribuía uma certa beatitude às crianças mortas sem batismo.

Isso não é nada perto dos ataques lançados por Pierre Bayle, que vão ao fundo do problema: a própria ideia de inferno é absolutamente incompatível com a da bondade de Deus. Usar como pretexto o fato de que, afinal de contas, o homem é livre para garantir sua salvação é um falso argumento: Deus sabia que muitos utilizariam mal essa liberdade e se condenariam. Que ele tenha permitido isso é algo inimaginável. Mesmo um inferno de duração limitada é inaceitável: "Portanto, só podeis alcançar a suprema vontade divina suprimindo até o último minuto os suplícios do inferno". Quanto à utilidade social da ameaça do inferno, basta constatar que existe entre os cristãos a mesma proporção de malfeitores que há entre as outras religiões e entre os ateus.

A Igreja condena tais monstruosidades, pondo no Index todas as obras de Bayle. Quanto a Leibniz, ele responde por meio de um tratado filosófico, os *Ensaios de teodiceia sobre a bondade de Deus, a liberdade do homem e a origem do mal*, em 1710. Para ele, o inferno se encaixa perfeitamente na harmonia universal, onde tudo está em equilíbrio. "É possível que a glória dos bem-aventurados seja tão grande na visão divina que os males de todos os condenados não possam ser comparados a esse bem", ele escreve. Aliás, mesmo se a maioria dos homens está condenada, o equilíbrio é certamente restabelecido pela salvação de seres extraterrestres: "No que diz respeito ao número de condenados, quando ele fosse incomparavelmente maior entre os homens que o número de salvos, isso não impediria que, no universo, as criaturas felizes fossem em número infinitamente maior que as infelizes".

Esse gênero de argumento é um deleite para os filósofos do século XVIII, começando com Voltaire, que, no verbete "inferno" do *Dicionário filosófico*, faz dele uma invenção destinada a compensar as limitações da justiça humana. Os filósofos têm uma posição quase unânime contra o inferno. Montesquieu ataca principalmente seu caráter eterno, em um opúsculo de 1711, *Contre la damnation éternelle des païens* [Contra a condenação eterna dos pagãos]. Para Marmontel, o inferno nos é imposto na Terra pelos dirigentes políticos. Para Diderot, "faz tempo que pedimos aos teólogos que conciliassem o dogma das penas eternas com a misericórdia infinita de Deus, e eles não fizeram nada". Para D'Holbach, essa crença é absurda. O vigário saboiano de Rousseau é mais sutil: é preciso castigar os maus, mas a punição já começa nesta vida, com os sofrimentos que a maldade produz em seus autores; ela prossegue certamente depois da morte, mas de maneira temporária, e unicamente sob a forma de remorso.

A ideia de salvação universal começa até a se espalhar timidamente no clero. Em 1716, Pierre Cuppé, um cônego da diocese de Saintes, escreve *Le Ciel ouvert à tous les hommes ou Traité théologique par lequel, sans rien déranger des pratiques de la religion, on prouve solidement par l'Écriture Sainte et par la raison que tous les hommes sont sauvés* [O Céu aberto a todos ou Tratado teológico por meio do qual, sem atrapalhar em nada as práticas religiosas, provamos solidamente por meio da Escritura Sagrada e da razão que todos os homens são salvos]. A obra só será publicada em 1743, em inglês, e em 1768, em francês. Na mesma linha, dom Louis escreve em 1782, em *Le Ciel ouvert à tout l'univers* [O Céu aberto a todo o universo]: "O inferno não passa de um romance de terror e de abominações capaz de fazer recuar o astro que nos ilumina".

No fim do Antigo Regime, a crença no inferno tradicional se encontra seriamente abalada nos círculos intelectuais. Para Philippe Ariès, essa crença até já morreu. Entretanto, o ensinamento da Igreja permanece inabalável nesse aspecto, com uma evolução interessante na argumentação: os motivos teológicos são substituídos cada vez mais pelo motivo de utilidade social: o inferno é o melhor baluarte da ordem e da moralidade, e, portanto, é indispensável. É o raciocínio do abade Bergier, autor do verbete "inferno" da *Enciclopédia*. Alguns revolucionários retomarão essa justificação utilitária, como o teofilantropo[5] Chemin.

Entre os fiéis, a crença ainda está intacta, ao mesmo tempo que surgem nova ideias, restritas a uma minoria ínfima. É por

---

5 Membro da teofilantropia, seita religiosa francesa existente entre 1796 e 1801 que professava um teísmo interessado na manutenção da moral e da ordem social e que reconhecia apenas dois dogmas: a existência de Deus e a imortalidade da alma. (N. T.)

isso que a obra de Sade pôde ser interpretada como um desejo de condenação e de criação do inferno na Terra.

O choque revolucionário vai endurecer as posições: fortalecimento do rigor doutrinário no clero, aumento da contestação e recuo do medo entre os fiéis, surgimento de novos infernos seculares.

– 9 –

AS METAMORFOSES DO INFERNO
(SÉCULOS XIX-XX)

A ideia de inferno sofre uma transformação durante os dois últimos séculos. Além da maior abrangência do termo – que, por um abuso de linguagem, passou a designar qualquer situação angustiante, e perdeu, na linguagem cotidiana, bastante de sua força –, a grande metamorfose vem do deslocamento do lugar em questão. O inferno cristão tradicional, cuja credibilidade, já destruída pela obra dos filósofos, declina em seguida na mente da população, é objeto de uma profunda reformulação na teologia católica, sobretudo depois do Concílio Vaticano II. Os excessos a que a pastoral do medo tinha dado origem outrora constrangem a Igreja contemporânea, a ponto de levar a uma verdadeira ocultação do termo na linguagem eclesiástica. A própria ideia subsiste, mas com um sentido exclusivamente espiritual, que não tem muito a ver com a concepção tradicional.

Em paralelo, poetas e filósofos se apropriam do inferno, que se torna um elemento essencial de inúmeras correntes de pensamento ateias. Como observa Jean Guitton,

> nesta época, em que os crentes tendem a atenuar os rigores da morte eterna, não é um paradoxo curioso, no campo dos pensadores incrédulos até o ateísmo declarado, que seria necessário procurar as expressões mais precisas do universo infernal. Talvez não tenha havido época em que a possibilidade do inferno tenha encontrado mais apego e complacência no pensamento laico independente de toda fé.

No século XIX, o inferno é um tema privilegiado dos poetas "malditos" e dos filósofos do pessimismo total. No século XX, ele é utilizado pelo existencialismo e se torna a expressão da angústia fundamental do ser humano. A antiga ideia segundo a qual o inferno é nada mais que a condição humana, já defendida há 2 mil anos por Lucrécio, depois retomada periodicamente pelas correntes religiosas heterodoxas, acabou se impondo. O inferno não está mais debaixo da Terra, mas sobre a Terra e no coração do homem. Uma ideia que, a propósito, não está tão distante, como se poderia acreditar, da teologia.

I. RECUO DOS MEDOS ESCATOLÓGICOS

É ainda nos anos 1680 que as primeiras dúvidas a respeito da eficácia do medo do inferno são expressas pelos pregadores, que lamentam a falta de resultado de seus sermões. O coro é unânime. O padre Fromentières não compreende que, com todos os esforços realizados para aterrorizar os fiéis, eles "não secam mais de medo"; o carmelita Simon de la Vierge se admira:

"Ameaçamos, e ninguém se corrige!". O padre de La Colombière mostra sua perplexidade: "Existe um inferno, os cristãos sabem disso, e esse inferno está cheio de cristãos!"; quanto ao padre Loriot, ele declara a seus ouvintes: vossa atitude "me faz sentir nojo de meu emprego". O movimento se acentua no século XVIII. Em 1787, o abade Cambacérès lamenta: os cristãos não têm mais medo; quando se interessam pela religião, "é só para ver as verdades consoladoras, e lembrar apenas de um Deus misericordioso".

Os historiadores contemporâneos – Philippe Ariès, Pierre Chaunu, Jean Delumeau, François Lebrun, Michel Vovelle e muitos outros – se debruçaram sobre o fenômeno, sem chegar a um acordo. Para Philippe Ariès, "nenhuma sociedade teria resistido a esse recurso patético ao assustador e a essa ameaça de apocalipse se os tivesse verdadeiramente aceitado e incorporado", ao passo que François Lebrun, pelo contrário, acredita "que esse discurso terrorista foi elaborado conscientemente, depois mantido durante quase três séculos, na mesma medida em que alcançava seu objetivo: manter no caminho reto através do medo da punição".

O que é inegável é que houve no século XVIII, diz Jean Delumeau, "uma diminuição do medo de Deus". O choque revolucionário ampliou o ceticismo, e os padres da primeira metade do século XIX, em seus sermões sobre o inferno, têm, antes de mais nada, de tentar convencer os fiéis da existência deste último. Em 1824, Louis-Augustin Robinot, cônego de Nevers, lamenta: "A desconfiança substituiu a simplicidade cristã; sem serem mais sábios, eles se tornaram mais críticos, mais presunçosos, menos confiantes em seus pastores, menos dispostos a acreditar em sua palavra. Já não basta lhes expor as verdades da fé; é preciso prová-las". Eles tratam os discursos sobre o inferno "como fábulas e contos antigos", alegam que "o inferno é apenas para os malfeitores", "que não se deve acreditar que ali nos queimamos". Em meados do século, todos os grande pregadores se preocupam com isso, do padre Ravignan a Lacordaire.

Cinquenta anos mais tarde, a perda de credibilidade do inferno se tornou evidente. Encontramos o reflexo disso na imprensa clerical, em particular em *L'Ami du clergé*, que publica cartas de curas muito confusos com as perguntas de seus paroquianos. Em 1906, um deles escreve: "É incrível como o inferno é negado hoje por cristãos e cristãs que não perdem a missa nem as vésperas e cumprem com seus outros deveres religiosos"; segundo eles, "os padres apregoam o inferno eterno para provocar medo e manter as pessoas no bem, mas sem que eles mesmos acreditem no inferno, pois não é possível que ele exista tal como nos descrevem", pois senão Deus seria um pai cruel. O cura então pergunta aos teólogos da revista qual é a postura que ele deve adotar; não seria possível mudar o tom sobre o inferno, procurar se acomodar?

É o que também sugere um de seus confrades em 1902, o qual constata que "muitos pregadores defendem que não se aborde esse assunto escabroso", e cita as palavras de seus paroquianos, a quem é visivelmente incapaz de responder: "Qual é o pai, mesmo perverso e desnaturado, que faria seu filho queimar vivo, que o faria queimar em fogo brando, e que ficaria impassível diante de seu sofrimento?".

Outro se pergunta se os suplícios do inferno não seriam o reflexo do estado da justiça humana do Antigo Regime, e se o fogo não seria puramente metafísico. Outros, ainda, levantam todas as grandes questões clássicas: "O que pensar da opinião segundo a qual o tempo suaviza um pouco a pena dos condenados?" (1897); "qual é, no acervo do gênero humano, o número de salvos em relação ao de condenados?" (1901); "como conciliar a existência de um número tão grande de excluídos com a bondade de Deus e seu desejo de oferecer a todos um modo de conseguir sua salvação?" (1901); "como o fogo pode agir sobre as almas?" (1902).

Diante da avalanche de perguntas, há um confronto entre os teólogos. Ofendido, *L'Ami du clergé* rejeita a acusação de querer alimentar o medo para conservar os fiéis sob controle, e manda seus autores... para o inferno: "Essa alegação é absolutamente falsa e uma grave ofensa para o clero. É uma calúnia abominável digna de punições diante de Deus e da justiça humana". De resto, a revista considera que todas essas alegações são fruto do "sentimentalismo moderno", e que "se o inferno não existe, não acreditamos que haja necessidade de se incomodar muito para evitá-lo".

É preciso, portanto, consolidá-lo. A revista repisa todos os velhos argumentos em defesa dos castigos eternos, inclusive os falsos argumentos, pois o que importa é o resultado. Por isso, não está certo dizer que o inferno se justifica porque foram cometidas ofensas contra um ser infinito, pois, nesse caso, todo pecado, mesmo venial, seria passível de punição eterna. Por consequência, esse é um argumento que só pode ser utilizado com "as mentes pouco esclarecidas": "É possível que mentes muito pouco esclarecidas para compreender a fragilidade da prova se impressionem com ela, e que esse argumento afaste a dificuldade que elas tinham com relação à eternidade das penas: o resultado assim alcançado é adequado". Por outro lado, "seria um constrangimento evidente sugerir essa resposta a mentes esclarecidas, capazes de compreender que ela não tem valor".

Vale tudo para promover esse inferno, o qual, em 1903, *L'Ami du clergé* não hesita em situar ainda no centro da Terra, baseando-se na existência dos vulcões. Derradeiros confrontos, que não podem conter a enxurrada de contestações. É bem verdade que a maioria dos cristãos, e mesmo uma parte dos ateus recentemente descristianizados, guarda um temor, uma apreensão ou um medo verdadeiro com a perspectiva do além. Mas as pesquisas sociológicas mostram que esse medo é cada vez mais relativizado. Na baixa Bretanha, uma região profundamente marcada pelas missões interiores, Yves Lambert observa que, já em 1900, "teme-se certamente o inferno, salvo exceções, mas sem exagero, nem que fosse porque se pensa fazer o necessário para evitá-lo".

Em seu *Propos*, Alain exprime essa evolução:

> O medo do inferno é uma doença que desapareceu de nossos países, como a lepra. Eu tinha muito medo do inferno quando era criança, porque levava a sério os lugares-comuns da oratória eclesiástica. Mas quando percebi que nem meus pais, nem seus amigos, nem os próprios padres tinham realmente medo do inferno, logo me senti libertado. [...] A respeito da vida futura, não se deve afirmar, apressadamente, que ninguém mais acredita nela. Mas em todos, me parece, essa esperança é filtrada pelo medo. A ideia mais poderosa atualmente, entre os católicos sinceros, é que nossos melhores sentimentos não terminam com a morte; isso porque temos motivos para esperar outro tipo de existência, no qual tudo que é bom será concedido e tudo que é mau será esquecido (1921).

A evolução prossegue ao longo do século XX, e assistimos a uma verdadeira derrocada da crença no inferno a partir dos anos 1970. Na baixa Bretanha, os comentários céticos observados por Yves Lambert no início do século se tornaram afirmações irônicas e desiludidas, até mesmo acusadoras: "Por que nos fizeram engolir isso?"; "[...] nos encheram a cabeça com isso, inferno, purgatório, essas coisas. Agora não falam mais nisso, acho que não existe mais"; "O inferno, oh, não sei se ainda existe".

E as estatísticas confirmam. De todas as crenças religiosas tradicionais, o inferno é a que mais diminuiu. Em 1981, segundo a sondagem do European Value Systems Study Group [Grupo de estudo dos sistemas de valores europeus], 75% dos europeus acreditavam em Deus, 40% no paraíso, 25% no diabo e 23% no inferno, o que ainda é relativamente significativo. Mas o percentual varia de 23% no Reino Unido a 14% na Alemanha. Desse modo, no antigo cristianismo, depois de 1500 anos de pregação sobre o inferno, menos de um quarto da população conserva alguma crença em um inferno, que, aliás, não tem mais muito a ver com o inferno clássico.

Afinal, a teologia também evoluiu bastante em relação a esse tema.

II. OCULTAÇÃO DO INFERNO CRISTÃO

O mais surpreendente é constatar que, depois de séculos de insistência obsessiva com os castigos eternos, um silêncio absoluto caiu sobre essa doutrina constrangedora. A última intervenção pontifícia de tipo tradicional é a do papa Pio XII, que afirmou no dia 23 de março de 1949:

> A pregação das primeiras verdades da fé e dos fins últimos não só não perdeu nada, em nossos dias, de sua atualidade, ela se tornou até, mais que nunca, necessária e urgente. Mesmo a pregação sobre o inferno. Sem dúvida, é preciso tratar esse tema com dignidade e sabedoria. Mas, quanto à essência dessa verdade, a Igreja tem, diante de Deus e dos homens, o dever sagrado de anunciá-la, de ensiná-la, sem nenhum eufemismo, conforme Cristo a revelou, e não existe nenhuma circunstância temporal que possa diminuir o rigor dessa obrigação.

Desde então, mais nada, ou praticamente nada. Uma breve alusão do Concílio Vaticano II, sem jamais utilizar a palavra "inferno"; um tímido lembrete de Paulo VI em 1971; raras e vagas perífrases neste ou naquele documento sobre a escatologia. O próprio cardeal Ratzinger, que lamenta em 1989 a "diminuição radical" que o assunto sofreu no discurso teológico, dedica apenas quatro páginas ao inferno, das 270 de seu livro *La Mort et l'Au-delà* [A morte e o além].

Quanto à imprensa católica, às revistas populares ou acadêmicas, elas removeram completamente a ideia, que também desapareceu dos sermões e da linguagem eclesiástica. Sob o fardo de um passado pesado demais, o termo é até mesmo banido da maioria dos dicionários religiosos, que, na rubrica "escatologia", se limitam a evocar com muita discrição e de modo indefinido a possibilidade de um destino futuro infeliz para aqueles que recusaram o amor de Deus: "Inferno exprime, em todo caso, a esfera do mal feito pelo homem, que Deus não pode transformar em bem, mas que deve condenar por toda a eternidade", declara com discrição o *Dictionnaire de théologie* de 1988; "o homem pode teimar em não amar. É precisamente a essa possibilidade que se refere a ideia de inferno", escreve em 1976 o teólogo T. Rey-Mermet em *Croire* [Crer]. A definição dada por Karl Rahner não é mais precisa: "O dogma do inferno significa então o seguinte: a vida do homem está sob a ameaça da possibilidade real de um fracasso eterno, ameaça contida no fato de que ele pode dispor livremente de si mesmo e também pode, portanto, se recusar a Deus".

A posição oficial da Igreja está contida em uma *Note de la congrégation de la Doctrine de la foi sur la vie éternelle et l'au-delà* [Nota da congregação da Doutrina da fé sobre a vida eterna e o além], aprovada em 1979 por João Paulo II. Ela declara que a Igreja "acredita que um castigo sempre espera o pecador que será privado da visão de Deus, e na repercussão desse castigo em todo o seu ser". O documento, porém, apela à prudência:

> Deve-se temer em especial o perigo das representações imaginativas e arbitrárias, pois seus excessos fazem parte, em grande medida, das dificuldades com que a fé cristã se depara frequentemente. [...] Nem as Escrituras nem a teologia nos fornecem esclarecimento suficiente para representar o além.

Os teólogos procuram reformular o antigo dogma, com certo constrangimento e sem encontrar as palavras adequadas: "Quando não se sabe nada, é impossível dizer algo", reconhece o *Dictionnaire de théologie chrétienne* de 1977. "Só sabemos uma coisa: se não combatermos o pecado de maneira suficientemente enérgica o inferno se realizará, em nós e por meio de nós." Essa nova orientação, que apresenta a condição infernal como o fracasso da liberdade humana, que não soube encontrar, ou criar, o sentido da vida, se junta, de forma radical, às concepções filosóficas contemporâneas.

Na verdade, desde o século XIX, são os poetas e os filósofos ateus que, de modo paradoxal, se empenharam em redefinir o inferno. Esses novos infernos, a princípio exclusivamente terrenos, têm implicações metafísicas que podem muito bem completar as reflexões dos teólogos.

III. OS NOVOS INFERNOS (SÉCULO XIX)

Por volta de 1880, Auguste Rodin executa uma obra monumental, *A porta do inferno*, em cujo frontão devia estar o famoso *Pensador*. É pouco provável que fosse uma obra simbólica. A reflexão dos intelectuais ocidentais se afastou de um além que tinha polarizado a atenção durante séculos para se referir ao mundo presente. Ela descobre que todas as noções absolutizadas que tinham sido colocadas no mundo das Ideias nada mais são que as projeções, em um hipotético mundo espiritual, das realidades relacionadas a este mundo. O século XIX desmistifica; depois de ter especulado sobre o mundo divino, a humanidade começa a olhar para si mesma nos espelhos da sociologia, da psicologia, da história, da geografia e da filosofia, e o que ela descobre é trágico. Nenhum traço de qualquer ordem divina, mas, ao contrário, um caos onde a razão suprema é a do mais forte, onde o bem significa simplesmente o interesse da maioria, ou seja, um mal menor; ela descobre que a vida é uma agitação estéril em meio aos sofrimentos, sem propósito, sem nenhum sentido, "uma história contada por um louco, cheia de som e fúria, que não significa nada" (Shakespeare, *Macbeth*, V, 5).

Em suma: o século XIX descobre que o inferno está na Terra. É o que exprimem, à sua maneira, os poetas "malditos", visionários da condição humana. É Baudelaire, consciente de naufragar em *As flores do mal*:

> Descei, descei, ó tristes vítimas sublimes,
> Descei por onde o fogo arde em clarões eternos!

É Verlaine que, em *Uma temporada no inferno*, constata: "O infortúnio foi o meu deus"; é Rimbaud que lamenta ali o inferno cristão:

> Acredito-me no inferno, logo estou nele. É o cumprimento do catecismo. Sou escravo de meu batismo. Pais, fizestes a minha desgraça e a vossa! Pobre inocente! – O inferno nada pode contra os pagãos. – É a vida. Mais tarde, as delícias da condenação serão mais profundas. Um crime, depressa, que as leis humanas me precipitem no nada. Deveria ter meu inferno pela cólera, meu inferno pelo orgulho – e o inferno da preguiça; um concerto de infernos. Morro de cansaço. É o túmulo, vou para os vermes, horror de horrores! Satã, farsante, queres dissolver-me com teus feitiços? Exijo. Exijo! um golpe de tridente, uma gota de fogo.

É Lautréamont que, em *Os cantos de Maldoror*, realiza uma descida blasfematória aos infernos, vã tentativa de exorcizar o inferno terreno e anatemizar os medos da infância. Os poetas malditos dão sequência às visões monásticas e aos infernos populares cristãos.

Quanto aos filósofos, eles substituem os teólogos falidos. Schopenhauer (1788-1860) é o anti-Leibniz, o pessimista total.

Para ele, nosso mundo, o pior dos mundos possíveis, resultado de uma vontade desviada, não passa de um mundo de sofrimento: "O sofrimento é a própria forma sob a qual a vida se manifesta". Nós mesmos perpetuamos este inferno por meio de nossa vontade diabólica de viver, a qual é preciso superar para chegar ao nada. Para Von Hartmann (1842-1906), o que o homem chama de progresso nada mais é que o processo pelo qual tomamos consciência gradativamente de nosso infortúnio, o que deveria levar à destruição da vontade de viver. O gnosticismo e o maniqueísmo estão presentes por trás dessas filosofias, mas de maneira desesperada: nenhum deus do bem vem contrabalançar as forças do mal.

O inferno está em funcionamento desde o começo do mundo; ele se desenvolve através do próprio homem, que não para de aperfeiçoar os instrumentos de sofrimento e de autodestruição. É o que pensa Leopardi (1798-1837): a natureza humana é o infortúnio inevitável, sempre avançando. A natureza é uma máquina infernal, destinada a nos fazer sofrer, física e moralmente, por meio das doenças, da velhice e até mesmo por meio do amor, requinte de tortura: a natureza leva os homens a amar para depois dilacerá-los por meio da separação e da morte: "Será para torturá-los com um instrumento de alegria?".

Kierkegaard (1813-1855) descobre o inferno no dilema cruciante que está na base da existência humana: abrir-se aos outros morrendo para si mesmo ou se fechar sobre si mesmo em um egoísmo mutilante?

Nietzsche quer superar todos esses infernos existenciais por meio de um recurso desesperado: aceitá-los com entusiasmo, convencer-se de que eles correspondem à minha vontade: "É assim que eu queria! Assim que eu quero! Assim que eu vou querer!". Ele adere, dessa maneira, à solução estoica: amar nosso destino, para ter a ilusão de controlá-lo; tornarmo-nos super--homens convencendo-nos de que Deus está morto e que o lugar está disponível, vencer o mal moral indo além do bem e do mal. Voluntarismo desesperado que esconde um pessimismo total e admite sua derrota com o suicídio.

Os romancistas também exploram esses infernos terrenos. O que são *A comédia humana* e *Os Rougon-Macquart* senão uma moderna descida aos infernos? Como não ficar impressionado com as semelhanças entre as visões dantescas e o mundo fervilhante, hediondo, repugnante, nauseabundo e cruel fustigado pelas torturas do fogo interior da ambição, do interesse, do instinto, e pelo fogo exterior da repressão social e da maldade alheia, que Balzac, Zola e os outros nos apresentam? Na Rússia, Tolstói e Dostoiévski desmascaram o inferno oculto nas estruturas sociais e no coração do homem: inferno dos pobres esmagados pelos ricos, no primeiro caso; inferno da consciência individual dividida entre o remorso e a angústia, em *Os demônios* de Dostoiévski.

É no momento em que desaparece que o inferno se torna indispensável. Se ele não existe, é preciso inventá-lo: é o que pensam os legisladores, fundadores de ideologias e reformadores sociais. Depois dos jacobinos, cuja maioria o negava completamente, Napoleão o utiliza para aumentar seu controle: o *Catecismo imperial* pune com a "condenação eterna" aqueles que não cumprem com seus deveres cívicos. Durante a Restauração, Joseph de Maistre faz apologia de um inferno sangrento em que reina um deus carrasco. Suas concepções, obcecadas com o sangue e os sofrimentos, são herdeiras mais do marquês de Sade que da teologia católica, a qual, no entanto, continua estranhamente a citá-lo.

A necessidade de inferno é evidente entre os criadores das novas sociedades e os utopistas que sonham com um mundo melhor, mesmo os mais ateus. Desse modo, o extremamente positivista Augusto Comte prevê em sua "sociocracia" um equivalente do julgamento particular e do inferno: o "deserto dos reprovados". "Sete anos depois da morte", lemos no *Catecismo positivista*, "quando todas as paixões perturbadoras estiverem bem extintas, sem que os melhores documentos especiais já estejam perdidos, um julgamento pessoal, cuja semente a sociocracia toma emprestada da teocracia, vem determinar de forma irrevogável o destino de cada um." Os restos dos "bons" são transferidos para o "campo cívico"; "quanto aos casos excepcionais de desonra caracterizada, o estigma se manifesta com o transporte adequado do fardo funesto para o deserto dos reprovados, em meio aos supliciados, aos suicidas e aos duelistas". Para Augusto Comte, a existência de criaturas irremediavelmente más justifica a necessidade de um conceito de morte eterna. A religião positivista confirma assim a ideia de Feuerbach: a religião projeta no imaginário, terreno ou espiritual, sua visão de mundo ideal, e, portanto, tem de inventar um meio de se livrar definitivamente dos perversos irrecuperáveis.

Talvez seja por isso que o inferno nunca tenha estado tão presente quanto no século XIX, como se seu desaparecimento no além o fizesse refluir para a Terra. O século XX amplificaria esse movimento.

IV. O INFERNO CONTEMPORÂNEO

Sob vários aspectos, o século XX merece o título pouco invejável de "século dos infernos". Com as duas guerras mundiais, os genocídios, a bomba atômica, as armas químicas, as massas famintas e desumanizadas do Terceiro Mundo, o desemprego, a poluição, os regimes totalitários e as democracias corruptas, a explosão demográfica, os campos de concentração, os *gulags*, as drogas e a aids, é difícil visualizar qual época poderia disputar com ele o prêmio de mais diabólica. Sim, ainda é possível superar isso, e o século XXI talvez se encarregue de fazê-lo, mas às vezes a realidade já ultrapassa o imaginário infernal dos monges de outrora. Para Maurice Clavel, o mundo contemporâneo evoca irresistivelmente as imagens do inferno tradicional.

Embora só tenha conhecido uma amostra do século, Alain[6] achava que a humanidade estava no terceiro nível do inferno: depois do inferno homérico, controlado pelo destino externo, e do inferno virgiliano, provocado pela fatalidade interna de cada um, eis aqui o inferno dantesco: o da livre escolha, o inferno autoinfligido.

Os traumas em escala planetária levaram os intelectuais a aprofundar o conceito de inferno. O resultado de suas investigações não é animador. O inferno está na origem da condição humana, da vida em sociedade. Por meio de formulações diferentes, é isso que proclamam todos os pensadores contemporâneos, cujas conclusões são mais complementares que contraditórias.

Na verdade, tudo se situa nas relações entre o eu e os outros. Inferno do eu, que se isola para se afirmar, e que percebe, angustiado, sua solidão primordial: "Ali onde estou, ali existe uma vontade livre, e onde existe uma vontade livre o inferno absoluto e eterno existe em potência", escreve Marcel Jouhandeau. Inferno complementar da comunicação forçada com os outros. Em *Entre quatro paredes*, de Sartre, está toda a condição humana, uma tragédia a três: você e eu sob o olhar dele; condenado a viver com o outro, eu só existo através dele e sob seu olhar, e nada posso fazer para modificar minha imagem; eu fujo de mim mesmo: "Então é isso que é o inferno! Nunca imaginei [...]. Não se lembram? O enxofre, a fogueira, a grelha [...]. Que brincadeira! Nada de grelha. O inferno... O inferno são os outros!".

Angústia existencial infernal, que Martin Heidegger situa no desespero provocado pela fusão do eu no anônimo "nós", por

---

6 Pseudônimo do jornalista, ensaísta e filósofo francês Émile-Auguste Chartier (1868-1951). (N. T.)

meio da qual "o calafrio a angustiante corre sem parar através do ser humano". A consciência do absurdo dessa situação aumenta o sofrimento: eu vivo como um "estranho" para os outros e para o universo, jogado em um mundo sem propósito e sem fim. Segundo Camus, esse é o inferno.

Dino Buzzati ofereceu uma versão surpreendente da visita aos infernos em *Il colombre* [O colombre].[7] Retomando o tema dantesco, um jornalista, guiado por um técnico do metrô de Milão, encontra a entrada do reino de Satã: uma grande cidade bloqueada pelas dificuldades causadas pelo tráfego de veículos. É o inferno cotidiano: "Diante de mim se estendiam a perder de vista os tormentos dos homens. Eu os via se debater, tremer, rir, se vestir, cair, se levantar, cair novamente, se agredir, conversar, sorrir, chorar, praguejar, dedicados inteiramente à esperança do minuto seguinte...".

Com essa visão moderna se encerra a história do inferno, que, por meio de um desvio de 3 mil anos, regressa às concepções sumérias: tudo se passa neste mundo: "O inferno dos vivos não é algo futuro; se existe um inferno, é aquele que já está aqui, o inferno em que vivemos todos os dias, que nós criamos por estarmos juntos", escreve Italo Calvino em *As cidades invisíveis*. Esse inferno, velho como a humanidade, durará tanto quanto ela. E a velha pergunta que o homem se faz desde Gilgamesh e Enkidu continua sem resposta: por quê?

---

7 *Colombre* é um animal imaginário criado por Buzzati, que o descreve "como um tubarão com cara de bisão e uma boca que se abre e se fecha sem parar, e que tem dentes assustadores". (N. T.)

REFERÊNCIAS BIBLIOGRÁFICAS

Como toda civilização possui uma vasta literatura sobre o inferno, indicaremos apenas algumas obras de síntese.

O significado profundo dos mitos sobre o inferno é estudado por M. Hulin: *La Face cachée du temps. L'imaginaire de l'au-delà* (Paris: Fayard, 1985). As obras de J. Delumeau esclareceram inúmeros aspectos do medo do inferno, sobretudo na era moderna, em particular *La Péché et la Peur. La culpabilisation en Occident (XIIIe-XVIIIe siècle)* (Paris: Fayard, 1983). Sobre o mesmo assunto: P. Camporesi, *The Fear of Hell. Images of Damnation and Salvation in Early Modern Europe*, trad. ingl. (Cambridge: Polity Press, 1991). J. Le Goff, em *La Naissance du purgatoire* (Paris: Gallimard, 1991), esclarece inúmeros aspectos das crenças no inferno durante a Idade Média, assim como E. J. Becker, *A Contribution to the Comparative Study of the Medieval Visions of Heaven and Hell, with a Special Reference to the Middle English Versions* (Baltimore: J. Murphy Company, 1899). G. Minois tentou uma síntese global em *L'Histoire des enfers* (Paris: Fayard, 1991).

Do ponto de vista da teologia católica, podemos consultar o verbete "enfer" do *Dictionnaire de théologie catholique* (Paris: Letouzey, 1913), completado por este, mais recente, do *Dictionnaire de théologie chrétienne* (Paris: Desclée de Brouwer, 1988). A obra coletiva sobre *L'Enfer*, coleção "Foi vivante" (Paris: Cerf, 1950), apresenta uma coletânea de comunicados como o de J. Guitton sobre "L'enfer dans la mentalité contemporaine", de M. Carrouges, "Images de l'enfer dans la littérature", de B. Dorival, "L'enfer dans l'art". O livro de A. Michel, *Les Fins dernières* (Paris: Bloud

& Gay, 1929), dá uma boa ideia do extremo refinamento das concepções teológicas sobre o inferno em seu apogeu, no início do século XX.

Em relação às civilizações antigas, ver G. Dumézil, *La Religion romaine archaïque* (Paris: Payot, 1966); M. Eliade, *Le Chamanisme et les techniques archaïques de l'extase* (Paris: Payot, 2. ed., 1968); E. A. Budge, *The Egyptian Heaven and Hell* (Londres: Routledge, 1906); J. Mew, *Traditional Aspects of Hell* (Londres: S. Sonnenschein & co., 1903); H. R. Ellis, *The Road to Hell. A Study of the Conception of the Dead in Old Norse Literature* (Cambridge: Cambridge University, 1943).

Em relação ao Antigo Testamento: N. J. Tromp, *Primitive Conception of Death and the Other World in the Old Testament* (Roma: Biblia et Orientalia, 1969). Em relação ao mundo muçulmano: S. El-Saleh, *La Vie future selon le Coran* (Paris: J. Vrin, 1971). Em relação aos aspectos folclóricos: P. Sébillot, *Le Folkore de France. La terre et le monde souterrain* (Paris: Imago, 1904-1906).

Para terminar, aqui está uma obra que retoma em 177 páginas todas as questões clássicas a respeito do inferno, e defende as posições mais tradicionais: V. Neckebrouck, *Naar de hel met de hel? Essay over een groot misterie (En enfer avec l'enfer? Essai sur un grand mystère)*, Bruxelas: Garant, 2012.

SOBRE O LIVRO

Formato: 13,7 x 21 cm
Mancha: 23,7 x 39,5 paicas
Tipologia: Iowan Old Style 10/15
Papel: Off-white 80 g/m² (miolo)
Cartão Supremo 250 g/m² (capa)

1ª edição Editora Unesp: 2023

EQUIPE DE REALIZAÇÃO

Capa
Marcelo Girard

Imagem da capa
Sascha Schneider, *Der Schamane* (1901)

Edição de texto
Silvia Massimini Felix (Copidesque)
Rita Ferreira (Revisão)

Editoração eletrônica
Sergio Gzeschnik (Diagramação)

Assistência editorial
Alberto Bononi
Gabriel Joppert

OUTRAS OBRAS DE GEORGES MINOIS PUBLICADAS PELA EDITORA UNESP

A idade de ouro: História da busca da felicidade

As origens do mal: Uma história do pecado original

Henrique VIII

História da solidão e dos solitários

História do ateísmo: Os descrentes do mundo ocidental, das origens aos nossos dias

História do futuro: Dos profetas à prospectiva

História do riso e do escárnio

História do suicídio: A sociedade ocidental diante da morte voluntária

Rua Xavier Curado, 388 • Ipiranga - SP • 04210 100
Tel.: (11) 2063 7000
rettec@rettec.com.br • www.rettec.com.br